星云大师演讲集

04

星云大师 著

人生与社会

生活·读书·新知 三联书店

Copyright © 2015 by SDX Joint Publishing Company
All Rights Reserved.
本作品版权由生活·读书·新知三联书店所有。
未经许可,不得翻印。
本书由上海大觉文化传播有限公司独家授权出版中文简体字版。

图书在版编目(CIP)数据

人生与社会/星云大师著.—北京:生活·读书·新知三联书店,2015.4

(星云大师演讲集)

ISBN 978-7-108-05249-0

Ⅰ.①人…　Ⅱ.①星…　Ⅲ.①佛教-人生哲学-通俗读物　Ⅳ.①B948-49

中国版本图书馆 CIP 数据核字(2015)第 017221 号

责任编辑	麻俊生
封面设计	储　平
责任印制	卢　岳　张雅丽
出版发行	生活·讀書·新知 三联书店
	(北京市东城区美术馆东街 22 号)
邮　编	100010
印　刷	三河市嘉科万达彩色印刷有限公司
版　次	2015 年 4 月北京第 1 版
	2015 年 4 月北京第 1 次印刷
开　本	880 毫米×1230 毫米　1/32　印张　6.75
字　数	140 千字
印　数	0,001—8,000 册
定　价	28.00 元

总序　人间佛教正法久住

我们生活在人间,人间有男女老少,人间有五欲六尘,人间有生老病死,人间有悲欢离合。在缺憾的世间,我们如何获得欢喜自在?如何发挥生命的价值?如何拥有安乐的生活?这是我们所要探讨的课题。

佛陀降诞人间,示教利喜,为人间开启了光明与希望;佛陀依五乘佛法,建立了"五戒十善""中道缘起""因缘果报""四无量心""六度四摄"等人间佛教的基本思想。

为了适应时代的发展,我们创办文化、教育、慈善等事业,提出"传统与现代融和""僧众与信众共有""修持与慧解并重""佛教与艺文合一"等弘法方向。多年来,以"佛法为体、世学为用"作为宗旨,人间佛教渐渐蔚然有成,欣见大家高举人间佛教的旗帜,纷纷走出山林,投入社会公益活动,实践佛教慈悲利他的本怀。

2004年，我曾在香港和台北作例行的年度"佛学讲座"，三天的讲题分别为"佛教的生命学""佛教的生死学""佛教的生活学"。我言：生命为"体"，作为本体的生命，是不增不减、永恒存在、绝对、无限、正常的；生死为"相"，每个生命所显露的现象，是有生有灭、变化无常、相对、有限、非常的；生活是"用"，生命从生到死，其中的食衣住行、言行举止、身心活动等等，无一不是生命的作用。因此，体、相、用，三者密不可分。我们既来到世间生活，就有生命，有生命就有生死，三者是一体的，其关系极为密切。因此，整个人间佛教可以说就是"生命学""生死学""生活学"。

　　之后，我在世界各地演讲《人间佛教的戒、定、慧三学》。所谓戒定慧，有谓由戒生定，由定发慧，由慧趣入解脱，是学佛的次第；在人间生活，更需要断除烦恼才能获得究竟的妙智，才能自在悠游于人间！

　　1949年，我从中国大陆来到台湾之后，为了适应广大民众的需求，毅然采取面对面的讲说弘法。从宜兰乡村的弘法，到城市各处的聚会；从监狱的开示，到工厂的布教。1975年，在台北艺术馆举行佛学讲座，首开在"国家会堂"演讲佛学之风。接下来，我弘法的脚步，由北至南，由西至东，从学校到部队，从岛内到岛外。近二十年来，随着弘法的国际化，我更是终年在世界各地云水行脚，奔波结缘。

　　演讲的对象，有一般男女老少的信众，也有大专青年、企业界精英、教师、警察等特定对象。讲说的内容更是包罗万象，经典方面有《六祖坛经》《金刚经》《维摩诘经》《法华经》等，也讲说佛教的义理、特质与现代生活的种种关系，以及佛教对社会、政治、伦理、经济、心理、民俗、命运、神通、知见、因缘、轮回、死亡、涅槃等各种问题的看法。

三十年前,佛光山的弟子们将我历年来演讲的内容,陆续结集成书,并定名为《星云大师演讲集》丛书,二十多年来不知再版了多少次!许多读者将此套书视为认识佛教、研究佛学必读之书,也有不少出家、在家弟子,以此演讲集作为讲经说法的教材。

这套演讲集已缺书好一段时间,不时有人频频询问、催促再版。我重新翻阅,觉得此套演讲集讲说时隔近三十年,抚今追昔,虽然佛法真理不变,人心善美依然;环境变迁有之,人事递嬗有之。因此,决定将此书全新改版,去除与现今社会略微差异之处,重新校正、修订、增删,并依内容性质,分类为《佛光与教团》《佛教与生活》《佛法与义理》《人生与社会》《禅学与净土》《宗教与体验》《人间与实践》《佛教与青年》等册,总字数百余万字。为保存、珍重历史,同时又为方便后人参考、查询,我将演讲的时间、地点记于每篇文章之后。

我出家已超过一甲子,毕生竭力于人间佛教的弘扬与实践,主要是希望全世界各族群能相互尊重,人我能相互包容,社会彼此和谐进步。这套演讲集是为我初期弘法历程,以及一以贯之的人间佛教思想理念的鲜明见证。

出版在即,为文略说弘法因缘,并以心香一瓣祝祷人间佛教正法久住,所有众生皆能身心自在,共生吉祥。

星云　于佛光山法堂

目 录

001	佛教的财富观
018	佛教的福寿观
037	佛教的道德观
055	佛教的政治观
077	佛教的忠孝观
094	佛教的女性观
111	佛教的时空观
128	佛教对社会病态的疗法
143	佛教对心理病态的疗法
161	佛教对民俗病态的疗法
178	从天堂到地狱
194	从人道到佛道

佛教的财富观

佛教对金钱的看法是"非善非恶",
黄金是毒蛇,黄金也是弘法修道的资粮。

　　财富是人人所希求的,它是一般人共同的愿望。财富可以分成很多种类,有物质的财富,也有精神的财富;有世间的财富,也有出世间的财富;有私有的财富,也有共有的财富;有现世的财富,也有未来的财富;有污染的财富,也有清净的财富;有外在的财富,也有内心的财富;有一时的财富,也有永久的财富;有狭义的财富,也有广义的财富;有有价的财富,也有无价的财富。

　　财富如水,"水能载舟,亦能覆舟",善的因缘能成就一切,不善的因缘也能分散一切,正如水火,相助相克。佛经上说,世间的财富是五家所共有,哪五家呢?(1)一场水火天灾,疾病人祸的灾难,倾家荡产;(2)强盗土匪,劫夺我们的财富;(3)贪官污吏以种种的手段侵夺百姓的财产;(4)不孝子孙,挥霍家财;(5)国家的苛政赋税,使民不聊生。纵使钱赚得再多,也无法预料无常意外何时会发生。

世间贫富之别,并非看金钱的多寡,应是看自心能包容多大,欢喜多少、满足多少而定。

一、佛教的财富观

佛教对钱财的看法是"非善非恶",黄金是毒蛇,黄金也是弘法修道的资粮。放眼看今日的社会,有很多人是"富有的穷人",但亦有少部分是"贫穷的富人"。既然富有,为什么又说他贫穷呢?

(一) 最富的穷人

很多富有的人,有钱不懂得如何使用;有的人,有钱却用到不好的地方,甚至有钱不肯用,如此,虽然有钱,不也和穷人一样吗?

佛经中记载,有位善生长者,一天,他得到了世间上最稀有、最宝贵的旃檀香木做的金色盒子,长者就对人宣布:"我要把这宝贵的东西,赠送给世间上最贫穷的人。"

有很多贫穷的人来向他要这个金色盒子,但是这一个人来要,善生长者说:"你不是世间上最贫穷的人。"那一个人来要,善生长者也说:"你不是世间上最贫穷的人。"

大家觉得奇怪:"你不是真心要把这个金色盒子送给人吗?"

善生长者说:"我这个金色盒子要送给世间上最贫穷的人,谁是最贫穷的人呢? 告诉你们,不是别人,他就是我们的国王波斯匿王,他才是世间上最贫穷的人。"

这个消息慢慢地传到波斯匿王那里,波斯匿王非常不高兴,说:"我是一国之君,怎么可以说我是世间上最贫穷的人呢? 去把善生长者找来。"

波斯匿王把善生长者带到收藏珍宝的库房里,问道:"你知道这是什么地方吗?"

善生长者说:"这是收藏黄金的金库。"

"那是个什么地方呢?"

"那是收藏银子的银库。"

"那是什么地方呢?"

"那是珍藏珍珠的宝库。"

波斯匿王大声责问:"既然你知道我有金库、银库……这么多的财宝,怎么可以在外面散布谣言,说我是世间上最贫穷的人呢?"

在善生长者的心中,认为波斯匿王虽然有钱,但不会照顾社会大众,不知去做福利人群的事业,虽然有钱却不会用,这就是世间上最贫穷的人。

(二) 最穷的富人

哲学家苏格拉底临死前,弟子问他:"老师,你还有什么遗言吗?"苏格拉底突然想起:"啊!我欠人家一只鸡,还没有还他。"一个大哲学家到临死之前,连还一只鸡的能力也没有,他是否真正的贫穷呢?苏格拉底的智慧,几千年来仍然影响着世界上的人,因此,像他这样的人,他是不穷的,他是贫穷中最富有的人。

佛教中的弘一大师,一条毛巾,一用就是十年以上,已经用到破烂不堪了,他的朋友夏丏尊见到时,不忍心地对他说:"我买一条新的毛巾送给你吧。"

弘一大师回答:"不用,这一条还很好用呢。"其实,他不是贫穷，他的富有是精神上的富有，是无人能比的。

又如佛陀的弟子大迦叶，放弃庄严堂皇的精舍，在坟墓洞穴里、山林水边间，作种种修行，可以说，他精神上是富有的，已不需要物质上的享受了。

（三）宿因与现缘

财富有宿因而来，也有现缘而有的。所谓宿因，就是过去世带来的因缘福报。例如，现在能作大老板，光是有学问，如果因缘不足还是不够的。除了宿因，尤其现世的因缘也很重要，广结善缘，给人一个亲切的微笑，说几句话赞美人、点头、握手、随喜功德，都会有意想不到的福德善缘。因此，人生要重视无限的未来，要不断地播种，不断地培养未来的因缘，才会拥有财富。

（四）共通与个别

财富在能用上，是共通的，但是在所有上，就有了分别。例如这一栋高楼是你建的，是你所有的，不是我所有的，不过在刮风下雨时，我避避风、躲躲雨，在你的屋檐门口站一站。这些树木花草，虽然是你栽的，是你所有的，不是我的，不过我闻一下，看一下，心里想："好青翠噢！"电视机是你的，不是我所有的，我可以在旁边沾沾光，也看一看。所以世间上的许多财富，虽然都是别人的，但是我们也可以共同享用。

农夫种田，所种的收成，当然是供应大家生活吃用的，但是小麻雀也去吃一点，这也不要紧。所以这个世间，所有是个别的，但享用有时是能共通的。对世间，我们不一定事事物物都非要有所有权不可,只要我们能够共同享用,那也是很幸福的。

(五)用钱与藏钱

过去有个人储蓄了很多的黄金砖块,全部藏在家里的地底下,一藏就藏了30多年,却一直都没有用过。这30多年中,虽然他没用,但有时去看一看就非常欢喜。有一天,这些金砖给人偷去了,那时他伤心得死去活来。旁边有人问他:"你这些金砖藏在那边几十年了,你有没有用过它呢?"他回答:"没有。"那个人就说:"你既然没有用过,那不要紧,我去拿几块砖头,用纸包起来,藏在同一个地方,你可以常常去看,把它当作金砖藏在那里,这不是一样可以欢喜吗?又何必这么伤心呢?"

所以,世间上所有的金钱都不是我们的,是五家共有,金钱要用了才是自己的。聚敛,做一个守财奴,终究不是善于处理金钱的人。

(六)福报与现缘

有的人看世间上有的人很有钱,就说:"你好有福报啊。"也有人自以为自己很有福报,但是光有福报是不可依靠的,福报固然要紧,还必须有现世缘,现世的这个"缘",才是最要紧的。银行里的存款再多,没有再继续存款,终会有用完的一天。在佛经上,有一个说明现世缘的重要譬喻:

有一个男人自以为很有福气,祖先留给他的家产很多,所以养成了好吃懒做的习惯,连吃饭也要太太来喂他,他才愿意吃。有一天太太要回娘家,一个星期以后才能回来,她想到先生连吃饭都不会,怎么办呢?

经过一番考虑,她做了一个大米糕,套在她先生的颈上,心想:你饿的时候,只要张开口就可以吃到,我一个星期后就回来了,这样大概不会被饿死吧!

这个太太就放心回娘家去了,但一个星期以后回来,发现她的丈夫已经饿死几天了。

为什么她先生会饿死呢?因为这个大米糕套在他的颈上,在他嘴前吃得到的,第一天就全部被吃光了,但是剩下在嘴旁的,必须用手去拨一下才吃得到,他竟懒得用手去拿来吃,就这样给饿死了。因此光是有福报,现世缘不够,还是不能享受这个福报。

二、非法的财富

财富,佛教是许可的,但非法的财富,佛教就不许可了。什么是非法的财富呢?非法的财富,有的是国法允许,而佛法不准许的。如酒家、屠宰场、渔猎……在国法里是准许有这些营业,聚财致富,但站在佛法慈悲济世的本怀,这是不被认可的。

以下列出十种以非法而致富的钱财:

(一) 窃取他物

如小偷、窃盗、顺手牵羊,或捡到东西不还人。凡有主的东西,未得到物主同意,就私自据为己有,这都是窃取他物,虽然拥有了财富,也是不合法的财富。

(二) 违法贪污

违法贪污所得到的,是不合法的财富。像现在有很多使用不合法的手段，如走私、贿赂、漏税，各种违法贪污的所得，这是非法的财富。

（三）抵赖债务

像经济型犯罪、恶性倒闭、标了会一走了之，开了支票不兑现、违反票据法，这种抵赖债务，没有信用，是非法的财富。

（四）吞没寄存

别人寄存在我们这里的东西、钱财，把它吞没，据为己有，这也是非法的财富。曾经有个父亲年老了，将小孩带来佛光山大慈育幼院抚养，他有房产，银行又有存款，并且委托朋友"等我的孩子长大时要交给他"。但是小孩子的父亲死后，他的朋友却把财物全部吞没，等到小孩较为长大要去讨回时，怎么都不肯还他。这种行为是不被准许的。

（五）欺罔共财

例如大家股东合伙做生意，赚了钱，应该将所得的利益，平均分配给每一个人，但是有的人却大部分占为己有，剩下的少部分才分给别人。像兄弟姊妹分家，祖先的产业应当大家平均分配，但是有人自私，只希望自己多分一些，其他兄弟姊妹少分一些，这些都是不当的自私做法。

（六）因便侵占

像假公济私，为了自己的方便，挪用公款，将公家的东西，占为己有；还有假报出差旅费、购买物品向商人索取回扣、多报佣金等，都是非法的财富。

（七）借势苟得

仗着自己的势力，苟且获得的财富，都是非法的财富。例如：一些不好的公务员，别人来办事就故意找人麻烦，刁难对方，使人不方便，要别人送红包才肯为他把事办好，这就是借势苟得。还有像许多恐吓、敲诈、勒索等，也都叫作借势苟得。

（八）非法经营

譬如无工商管理部门的经营许可证而私造贩卖烟酒、贩卖吗啡、经营地下药厂等，非法经营伤天害理的毒品，都是不合法的财富。

（九）诈骗投机

有关诈骗投机，报纸上曾经刊载这么一段故事：

据说：天堂和地狱中间只隔了一道墙，有一天，台风把这一道墙吹倒了，天堂的玉皇大帝，和地狱的阎罗王非常着急，因为这道墙一倒，天堂里的人跑进了地狱，地狱的人跑进了天堂，乱了起来，那怎么办呢？双方研究，赶快推选出一些代表，计划再把这道墙筑起来。研究的结果，天堂和地狱各推出三个代表。第一个代表是银行家，因为要建筑这座墙，必须有财源；第二个代表是建筑师，因为筑墙是一项工程，必须由工程专家来建；第三个代表是律师，因为这座墙建好了以后，要研究这座墙的所有权，天堂和地狱各占多少。

地狱中的阎罗王早就派出了三个代表，而天堂里的玉皇大帝，却久久派不出代表来,阎罗王等得生气了,打电话给玉皇大帝:"你再不派出代表来,以后天堂与地狱混乱的后果,你可要负责。"

玉皇大帝非常抱歉地说:"不是我不派出代表来,实在是因为在天堂里,始终找不出这三种人才。因为银行家专门剥削人的钱财,他们是不会生在天堂的;建筑师偷工减料,那么多的罪过,不会生在天堂;而律师是专门挑拨离间,唯恐天下不乱,所以他们也不会生在天堂里的。"

当然,这只是一段笑话,银行家、工程师、建筑师、律师中,也有不少人力行慈善;其他行业的人,也有不法营业的行为。所以说,以诈骗的行为方式营业所得的财富,都是非法的财富。

(十)赌博淫业

像赌场、地下舞厅、色情场所,属于有伤风化的行业,其所得也都是非法的财富。

三、佛教发财的方法

"君子爱财,取之有道"。以下从佛教里的发财方法,提出六点来说明,其中前三点是一般世间所共有的发财方法,后三点是佛教所特有的发财的方法。

(一)勤劳

俗云:"黄金随潮水流来,你也要提早把它捞起来。"中国流传着一个故事:老祖母去世了,交代儿女说,我们葡萄园里的地底下,埋了许多的黄金。她的儿女就天天到葡萄架下面去挖去找,虽然黄金没找到，不过葡萄架上却结满了累累的果实。

所以说，我的双手劳动，辛勤奋发赚钱，双手就是我的财富；我的双腿勤于走路，开发财源，双腿就是我的财富。财富是落在勤劳人的手里，不勤劳，妄想得到财富是不可能的。

（二）节俭

节俭可以得到财富。节俭并非专指金钱上的节俭，浪费时间等于浪费生命，若能爱惜时间，节俭时间，时间就是财富；不滥用感情，懂得适度节制，就会拥有感情的财富；生活上的物欲也要节俭，对于物质的需求，不奢侈浪费，就能累积财富。

总之，人生的福报是有限的，银行再多的存款，终有用尽的时候，平日应留一点在那里，以备不时之需。

（三）宽厚

说话宽厚，会获得人缘，人缘就是财富；待人宽厚，会得到他人的尊重，尊重就是财富；处世宽厚，会得到很多方便，方便就是财富。我们交友宽厚，处世宽厚，所谓居心仁厚，就会获得富贵。"宽以待人，严以律己"，这不但是中国儒家做人处事的方法，也是佛教发财的方法。

（四）信心

过去佛光山在中国电视公司，每星期四晚上10点15分，制作一个《信心门》节目。开头就说"信心门里有无尽的宝藏"，你有信心，财富就在你的心里。我们不但对宗教的信仰要有信心，对事业,对道德都要具有信心,对于凡是净化的、善美的、慈善的事情,即使是受了委屈,也不丧失信心。

(五) 结缘

结缘是发财最好的方法。我对你寒暄、问好,口说好话,就是语言的结缘;和人点头微笑示好,也是和人结缘;你不认识路,我带你去,和你结个缘;遇到了困难,我来帮你的忙,更是结了个缘。这个世间上要有缘才能生存,有很多人他做事方便,是因为他结的缘很多。佛法讲因缘,宇宙万有所以存在,就是由于"因缘"。我们要发财、要生存,"结缘"非常重要。

(六) 布施

有人会怀疑:布施既是给人,给人又怎能发财呢?其实我们应该了解,布施如播种,你不布施,怎能有收成?佛教告诉我们,做功德就如种田,这块福田一个叫悲田,一个叫敬田。以慈悲心救济贫苦大众,叫做"悲田";对于长辈、师长、父母、国家,尽忠尽孝,叫作"敬田",在敬田、悲田里面播种都会有收成的。

佛教有托钵制度,"钵"就是一块"田",能多少投到钵里,种一点福田,就能一收百、千收万,成长无限的果实。现在所种的种子,未来势必能为佛教、社会做许多教育、文化、慈善种种事业。

另外,佛教也有所谓"七圣财"。这七种圣财是指:信仰、精进、持戒、闻法、喜舍、智慧、惭愧。圣者他们安住于般若禅定的财富里,他们拥有法喜禅悦的财富享受,他们怀着惭愧慈悲的财富愿力,他们享用无尽的"七圣财"。

四、怎样处理财富

我们有钱还不够，怎样运用财富，更是主要的课题。你如何处理你的财富呢？在《杂阿含经》里有一首偈语："一份自食用，二份营生业，余一分藏密，以抚于贫乏。"现在引申这个道理，将财富分成十分来处理：

十分之四——经营事业；

十分之三——家庭生活；

十分之二——储蓄应需；

十分之一——做福功德。

在《大宝积经》中，告诉我们财富处理的方法，以波斯匿王为例，他的财富，已经不需为生活计算，他处理的方法是把它分作三分：

三分之一——用来供养宗教；

三分之一——用来救济贫穷；

三分之一——奉献国家作为资源。

在《涅槃经》中，财富的处理方法，是除了生活所需之外，有四分分法：

四分之一——供养父母妻子；

四分之一——补助仆佣属下；

四分之一——施给亲属朋友；

四分之一——奉事国家沙门。

五、佛教认可的财富

世界上，人为财死的例子，不胜枚举。其实，财富不要完全从金钱上去看，人生应该追求的，除了金钱以外，还有更多的财富。有些财富是佛教所认可的，有些财富是佛教所不认可的，什么是佛教所认可的财富呢？

（一）身体的健康

健康的身体是我们的财富。梦窗国师说："知足第一富，无病第一贵，善友第一亲，涅槃第一乐。"俗语也说："留得青山在，不怕没柴烧。"有了很多钱，身体不健康，吃也吃不下，玩也没力气玩，财富又有何意义呢？我们宁可没有钱，不能没有健康。所以说，健康的身体是佛教所认可的财富。

（二）生活的如意

虽然有钱，可是烦恼多，生活不如意、不顺心，心里感到不愉快，有钱也形同破铜烂铁一样，那不是真正的富有。虽然没有大富大贵，但生活若能称心如意，那也是非常具有意义的人生。怎么生活才能如意呢？感恩和知足是最好的妙方，所以梦窗国师说知足第一富。

（三）前程的顺利

人生，在坎坷不平的命运里奋斗，固然也是有意义、有力量的人生，但是终究不若前程顺利的人生，更能做一些有意义的事业。如果想要前程顺利，就不得不注意人际间的善因善缘了。一个人能够有好的因缘，则前途充满光明与希望，前程一顺利，自然就是最大的财富了。

(四)眷属的平安

家财万贯,难比平安之人,一个人即使再有钱,倘若家里的人都不平安,又有何用呢?金钱买不到和乐的家庭生活,所以眷属的平安,就是无形的财富。在佛光山,每年春节举行平安灯会,年年都庄严而热闹,可见平安是人人喜欢的。

(五)合法的钱财

钱财的获得,必须要合法。用自己的智慧、力气、时间,辛苦赚来的合法财富,才能用得心安理得。我们佛教要赞叹合法的财富,不要有排拒财富的想法,因为信徒越有钱,信徒才有力量护法;佛教有钱,佛教才能复兴。

(六)内心的能源

佛教认为最好而又最实用的财富,是内心的能源。一般人认为,地下的石油和煤是能源,海底的石油和矿藏是能源,天空里的太阳能也是能源,其实真正的宝藏之源是在我们的内心。像弘一大师,物质如此贫乏,却不以为苦;大迦叶尊者,刻苦修行,也不以为穷。古今中外,在佛教里多少苦行僧和修行者,他们一无所有,仍不以为穷,因为他们享受着心内能源的富有。

真正的财富在自己的心里。我心里生起智慧,智慧就是我的财富;我心中生起满足感,满足感就是我的财富;我心中生起惭愧心,惭愧心就是我的财富;我心中生起禅定,禅定就是我的财富;我心中生起般若智慧,般若智慧就是我的财富。所以我们不一定要在心外寻找财富,真正的财富,应该是内心源源不断的能源。

以上这六点，都是佛教所认可的财富。

六、佛教最究竟的财富

金钱再多，也有用完的一天，中国有句俗语说："万贯家财，不及一技随身。"学会了一样技能，比拥有任何财富都好，假如有了般若智慧，那又比金钱、技能更高更好。

《金刚经》说："若有人受持四句偈，其功德胜过三千大千世界的七宝布施。"这就是宝施虽多，终是有限；法施虽少，功用无穷。

四句偈，就是四句佛法般若，它的功能胜过三千大千世界七宝之多，这又是什么道理呢？

有一个人在外面做生意，因为年关将近，急急忙忙地想回家过年，回家前突然想到要带些东西回家给太太，在街上走着看着，这一样家里也有，那一样家里也有，突然看到一个老和尚坐在那儿，身旁写着"卖偈语"的招牌。

"咦！什么叫作卖偈语呢？"

老和尚回答说："你要向我买偈语，本来我的一首偈语是二十两黄金，看你是有缘人，打对折卖你，一首偈语十两黄金好了。"

"偈语是什么呢？价值十两黄金？怎么这样贵啊。好吧，就跟您买一个偈语。"

这位老和尚说了一首偈语：

向前三步想一想，退后三步想一想，

瞋心起时要思量，息下怒火最吉祥。

"请记住，以后你如果愤怒生气的时候，要把我这一首偈语拿出来念一念。"

"就这四句话值十两黄金吗？没价值，没价值，你太欺骗人了。"

老和尚哈哈一笑，这个商人觉得对方是个年老的出家人，也就不和他计较。他急忙回家，回到家正好深夜，门也没有上锁，随手一推就推开来了。想要叫太太，但太太已经睡着了，但是床底下怎么会有两双鞋子呢？一双女人的，一双男人的，他想："你这不要脸的贱人，我不在家，你就做这样的坏事。"一气之下，立刻到厨房里拿了把菜刀，想要杀死这一对奸夫淫妇。

正当举刀要杀下去的时候，突然想起那位老和尚卖给他的偈语，于是他开始念起那首偈语：

向前三步——想一想……

退后三步——想一想……

瞋心起时——要思量……

息下怒火——最吉祥……

他在那里进啊退啊，退啊进啊的，弄出了声音，把太太给惊醒了。

太太一醒来，看见丈夫站在床前，就说："唉哟！你这个人，怎么这样迟才回来？"

丈夫怒道："你床上还有什么人？"

"没有啊！"

"这双鞋子？"丈夫指着鞋子责问。

"今天过年你都还不回来，我好想念你，为了图个团圆的吉利，只好把你的鞋子摆在床前啊！"

丈夫一听，大声道："这首偈语有价值，真有价值，就是黄金一百两、一千两、一万两也有值得。"

所以"智慧"能使你冷静下来处理事情，不会冲动，不会出纰漏。佛教的般若智慧，怎么会是财富呢？

因为"般若"是无价之宝，是人人本具、个个不无的。般若是永恒的真理，是无量无边的自我，可以说证悟般若，就是有了无限的拥有。般若是什么？般若可以用"空"来解释，简单说，虚空里森罗万象，不空就没有，因为空，才能有，你拥有了般若，就好像虚空拥有了万有。

般若，就等于虚空万有一样，其实这一种"般若财富"都在我们的心里，因为这个般若可以给我们证信真理，可以给我们知情识理，可以让我们认识真我，可以让我们获证永恒的生命。有了般若，等于有了光明一样，在光天化日之下，所见到的一切，不都是我们的吗？

诗云："平常一样窗前月，才有梅花便不同。"你穿衣、吃饭、事业、财富，一旦有了般若，你的穿衣、吃饭、事业、财富就不一样了。般若是我们的自性真如，是我们自己的本来面目。从前流行的一首歌："蔷薇蔷薇处处开"，现在姑且改编如下，希望大家拥有无尽的财富：

> 花儿花儿处处开，人儿人儿处处在。
> 般若般若处处开，生命生命处处在；
> 要想富贵的人儿，大家都到佛前来。

1981年11月14日讲于台北"国父纪念馆"

佛教的福寿观

吃得粗,吃得少;吃得苦,吃得亏。
起得早,睡得好;七分饱,常跑跑。
多笑笑,莫烦恼;天天忙,永不老。

　　多福多寿是人生在世普遍的希求,我们每日辛苦奔波,汲汲营营,只不过是为了求得更多的享福。放眼世间的事业,绝大多数和增强身体、延年益寿有关系,贵如秦始皇还遣令大臣为他求取长生不死之药,可见求得大富大贵、长命百岁是世人共同的愿望。但是福寿往往难以兼得,有人富可敌国,却英年早逝,无福享受;有人老耄长寿,却一生穷苦潦倒;必须福德因缘具足,才能福寿增广,绵延无量。

　　世间上的福寿,有鸿福、有清福。有的人每日营求种种的财富,享受人间功名富贵的鸿福,但也有人,他们不享受鸿福,只是希望过着清净、简单、朴素的生活。一般人对于如何求得福寿的观念不一定正确,许多人认为要长寿多福,应该向神明、菩萨、佛祖祈求,将信仰建立在贪求、餍取的层次上。其实福寿并不是有求必得的,若自己不去培植福寿的因缘,福寿是不会凭空降下的。所谓

"生天自有生天福,未必求仙便成仙",自己不努力去自求多福,而把一切的责任完全推到神明佛祖的身上是不合乎因果道理的。

譬如把一块沉甸甸的石头放置在水中,石头自然会沉下去,我们却违反常理说:"石头呀,请你浮起来吧。"因为你的祈求不合理、不如法则,纵然你真心诚意,石头是无法依你所求浮出水面的。相反的,如果我们所作所行合乎因果法则,享有福寿的美果,上天神明也无法一手遮蔽,抹杀你应享有的果报。福寿的获得,别人是无法操纵的,即使神明也不能掌握我们的生死祸福,一切都取决于我们自己是否努力去播种福寿的种子。以下分为四点说明佛教对福寿的看法。

一、世间的福寿

"福禄寿财喜"五福齐降门庭,是一般大众所企盼的幸福。不过拥有了这五福,人生就美满无憾了吗?人生的幸福快乐就仅仅止于这五福的获得吗?其实,人间的福乐可细分成十项:

1. 财富:有人以为有钱便是福,日进斗金,富甲天下,穿金戴银,豪宅名车,成为人人羡慕的对象,是人生最大的乐事。

2. 权贵:有人以为大权在握,吆三喝四,何等威风;来往都是豪门贵客,万人仰承鼻息,不可一世,人生何其风光。

3. 康宁:有钱有权固然快乐,但是缠绵病榻,无法发挥活力。身强体健,行动方便,健康是人间第一财富。

4. 喜乐:生性乐观开朗,遇事积极进取,超然贵贱,淡泊名利,能活得喜悦便是幸福。

5. 子孙:子孙满堂,承欢膝下,子贤孙孝,老来有靠,人生还有什么奢求呢?

6. 长寿:长命百岁,人间称"瑞",与天地同寿,是人人希望的幸福。

7. 道德:立德是人生三不朽的盛业之一,如果有崇高圣洁的道德流芳万世,遗爱人间,不但可受到万人的尊敬仰戴,并且能成就真正永恒的生命。

8. 顺遂:做事能够顺心遂意毫无阻碍,处世能够圆融多助,所到亨通,是可遇不可求的美事。

9. 平安:万贯的家财、显赫的权势,若灾祸不断,亦无法享受。平静安然的生活是千金难买的幸福。

10. 善终:人生固然希望能够好好地生,更要求得好好地死,死时千般痛苦,如龟脱壳,如陷火犁。能够求得寿终正寝,死得安然,比生得乐风光更为重要。假如能懂得如何死,也就懂得如何生,生死事大莫过于此。

一般认为人生能十福具足,就是圆满无缺的人生;除了十福十全之外,如果能拥有长久的寿命,那人生更是锦上添花了。

所谓"寿命",可分为下列四种:

1. 肉体上的寿命:养生有术,长命百岁,活到八九十岁,甚至一百余岁,童颜鹤发,依然矫健如虎,毫无龙钟老态,这是一般人所欣求的寿命。

2. 事业上的寿命:所谓立功、立业,开创事业,福利邦梓,泽被社会人群,如创建公司、工厂,一经营即是几十年,甚至百年老店,不但本身投注毕生的岁月,子子孙孙继承不辍,这就是一种事业上的寿命,尤以从事文化出版的事业,其寿命更是亘古长久。

3. 言教上的寿命：古人所谓"立功、立德、立言"，古今圣贤的珠玑教谕，为人间留下许多思想、言说、立论，他们的教言是人类智能的遗产，是知识文化的宝库，透过古人的著书立说，传之其人，文化得以薪尽火传绵延下去，言教上的寿命是超越时空和心灵交会的生命。

4. 信仰上的寿命：肉体上的寿命有生老病死的现象，事业上的寿命有兴隆衰微的可能，言教上的寿命有时也依因缘际会之不同，而有或被宣扬或遭压抑之别。所谓信仰上的寿命是对生命有无限未来的信仰，相信生命是亘古今而不变，历万劫而弥新，信仰上的寿命是超越了有无、美丑等对待，绝对解脱，究竟常乐，与真理契合的清净生命。佛教认为世间上的福寿虽然不究竟，不是我们追寻的目标，但佛教并非完全排斥对福寿的追求。

良宽禅师的书法字写得很好，有位老先生过寿请他题字祝福，良宽禅师提笔写道："父死、子死、孙死。"老先生很难过，请你写字，就是希望你能写些吉祥话啊！怎么写这么不吉祥的话呢？

良宽禅师说："我为你写的这些字是最好、最吉祥不过了，将来是要父亲死了，才轮到儿子死，然后才轮到孙子死，这是最合乎人生伦理次序的；难道你要孙子死后儿子死，再轮到祖父死吗？"

另外有位信徒过 60 岁的生日，请良宽禅师为他诵经，祈求长寿。良宽禅师问他："你要我为你消灾延寿，你想增添多少寿命呢？"

信徒一听师父要为他诵经祈寿，赶快毕恭毕敬合掌说："我再添加 20 年，80 岁就心满意足了。"

良宽禅师说："纵然活到 80 岁，20 年转眼就过去了，你还是会死亡呀。"

信徒:"哦,可以再增加吗?那么增加到100岁好了。"

良宽禅师说:"100岁虽然人间称稀,40年的光阴就像一刹那,仍然免不了生死无常。"

信徒:"120岁好了,刚好是二甲子。"

良宽禅师说:"120岁虽然是二甲子,但是好比电光石火,瞬息消灭,最后还是黄土一堆。"

信徒:"120岁仍然太少,那么人生究竟可以祈求活到多少岁数呢?"

良宽禅师说:"人生当求无量的寿命,成就与日月同光,与真理融合一体的无限生命,这种生命才是永恒不死、无穷无尽的生命。"

人世间的寿命纵然如彭祖活到800多岁那样长寿,最后仍然免不了生老病死的现象;世间上的福乐纵然贵如帝王一般稀有,终究归于生灭幻空。

世间上的福寿,即使种类不同,本身也有它们的缺陷,不是无漏究竟的。唯有出世间的寿命是每一个人与生俱有的真心本性,那是永恒的寿命。尽管我们在六道五趣中流转轮回,在驴腹马胎中轮回、变化,不管到了哪一道,我们的真如自性是死不了的。如同一块黄金,你把它做成耳环、戒指、手镯,再把它丢到水沟里、垃圾箱中,黄金的本质是永远不变的,因此,我们每一个人都像黄金一样,有永远不变的真性、不死的生命。

因此人生当求永恒的生命、不变的福报,永恒的生命和不变的福报如何才能求得呢?好比农夫春天不播下种子,秋天哪里能够开花结果?我们求福求寿也必须平时播撒种子,有因有果,等到有一天因缘成熟,自然能够享受丰硕的收成。

二、福寿的因果

世间的福寿有一定的因果律则,是丝毫不会混淆的。那么人生的福寿因果究竟是如何形成的呢?佛教有一首十来偈,最能说明其中的道理:

> 端正者,忍辱中来;
>
> 贫穷者,悭贪中来;
>
> 高位者,恭敬中来;
>
> 下贱者,骄慢中来;
>
> 瘖哑者,诽谤中来;
>
> 盲聋者,不信中来;
>
> 长寿者,慈悲中来;
>
> 短命者,杀生中来;
>
> 诸根不具者,破戒中来;
>
> 诸根具足者,持戒中来。

端正者,忍辱中来——一个人相貌庄严端正,是因为他能够修忍辱,接受种种的考验,因此能够仪表堂堂,风姿翩翩。有一首诗说:"千锤百炼出深山,烈火焚烧若等闲,粉身碎骨浑不怕,要留清白在人间。"石灰能够禁得起火炼铁锤,因此才能带给每个家庭一片赏心悦目的洁白。铜制的佛像承受得了工匠的雕琢铸镂,才能成就庄严的法相,接受万人的膜拜供养。

贫穷者,悭贪中来——有的人贫寒穷困,那是因为他不知道布施喜舍他人,因此才得到贫穷的果报。

高位者,恭敬中来——敬人者人恒敬之,得人心者多助,自然能够平步青云,尊居高位。

下贱者,骄慢中来——贡高我慢的人,人人避之如同探汤,自绝善缘,自然受人鄙视了。

瘖哑者,诽谤中来——有的人讲话音声沙哑、口吃咬舌,原因是此人过去不知修持赞叹,甚至恶口诽谤。佛世有一个小沙弥常常夸奖他人,赞叹三宝,久而久之,他的口中自然飘散一股异香,人人都称他为香口沙弥。

盲聋者,不信中来——对于圣贤的金玉良言不能信解,对于因果三宝不知信仰,自闭于智慧真理之门,得到瞎子、聋子的果报,看不到世间的真相,听不见世间的真音。

长寿者,慈悲中来——对他人的生命懂得爱惜尊重的人,才能得到珍贵的生命。

暴戾凶残、作践生命的人,不知赞天地的短命者,杀生中来——化育如何能感得天地之寿呢?招致短命早夭的果报是必然的道理。

诸根不具者,破戒中来——眼耳鼻舌残缺、身体四肢有缺陷的人,是由于不能坚守戒律,侵犯了他人才会遭到不幸的果报。

诸根具足者,持戒中来——希望六根具足,仪容端庄,就要严持律法,收摄自己身心,不使放逸。

那么,如何培植福寿的因果?佛经上告诉我们如果实践七种布施法门,能获得无量的福寿:

第一,设立佛像僧房。

第二,种植树木果园。

第三,常施医药救病。

第四,打造船只渡人。

第五,建设桥梁道路。

第六,点灯凿井施茶。

第七,造厕供人方便。

添福寿的方法很多,建筑寺院、装塑佛像、助印经书,固然是增福添寿的途径;造桥铺路、施茶凿井、点灯建厕,直接嘉惠他人,更是播植福寿因缘的妙方。求得福寿的方法俯拾即是,只要我们稍加留意用心,确实去实践力行,福寿就在我们的身旁。

我们如何求得福寿?世间上有哪些福田能够生长我们的福寿呢?佛经上举出下列八种:

1. 三宝:三宝是我们修福培慧的好福田,所谓"三宝门中福好修,一文施舍万文收;不信但看梁武帝,曾施一笠管山河"。梁武帝过去是一个樵夫,有一天在打柴回家途中,遇到一场骤雨,突然看到路旁有一尊石雕的菩萨像在淋雨,赶紧把自己的斗笠摘了下来,戴在菩萨的头上,由于他恭敬布施一顶斗笠,终于成为九五之尊,统理整个山河。

2. 父母:父母是我们的恩田,佛经上说父母恩惠浩大,为人子女者纵然一肩挑父,一肩挑母,累劫累世行孝,也无法报答春晖恩泽于万分之一。因此,孝顺父母的人必能得到人天爱敬,福寿俱全。

3. 师长:师长传授我们技能,启发我们以智慧,令我们能立足社会,明白善恶是非,师长是我们的敬田,应恭敬他们如父母。

4. 弟子:学生、徒弟、儿女,是我们未来事业、生命,乃至精神慧命的传承者,应好好爱护他们,细心教育他们,令他们茁壮健挺。

5. 病人:身罹疾病的人最需要别人的照顾,有病的人我们应该拿出悲心、耐心,去关心他、帮助他、鼓励他,以进步的医药治疗他的身病,以精辟的道理去除他的心病,使他早日解脱病苦。佛经上曾说:八福田中,看病为第一福田。释迦牟尼佛虽已果德圆满,仍然为病比丘看病,不舍弃修植福寿的任何机缘,身为薄地凡夫的我们,怎可轻忽掉举,不知自求多福呢?

6. 急难:遭遇紧急灾难的人,都是我们布施爱心的对象,因此社会上设有许多慈善机构,创立各种慈善事业,目的就在于帮助急难不幸者。所谓"救急不救穷",贫穷是救不了的,贫穷要靠自己去努力振作,最重要的是救助灾难,在别人最危急的时候,适时地助他一臂之力,在别人最饥渴的时候,及时地提供清凉甘露。

7. 根缺:身体残障的人行动比一般健全的人不方便,求生也需要付出更多的奋斗,我们在物质上要资助他们,在精神上给予鼓舞,让他们对生命燃起热烈的希望,更重要的是要以平常心对待他们,平等地给予一切生存的机会。

8. 百苦:忧愁、烦闷,受痛苦煎熬的人也是我们的福田,当我们解除了他们的烦恼,把欢乐传播给他们的时候,我们不但获得了福寿,同时也得到助人为乐的喜悦。

我们希望福寿增广,就要学习农夫踏踏实实地耕种,只要我们播撒了福寿的因,有一天自然会抽青发芽,虽然无心希求,福寿的果,也会降临到我们身上。如果不懂春耕,而冀望秋冬收成,犹如守株待兔,一切将会落空。

印度的波斯匿王有一位天生丽质的女儿叫善光公主,国王对

这个女儿疼爱有加,视如掌上明珠。有一天国王对公主说:

"女儿呀,你生长在帝王之家,穿的是绫罗绸缎,吃的是山珍海味,你应该感谢父王给你的庇荫,才有今日的荣华富贵。"

公主信奉佛法,懂得罪福自作自受的道理,因此回答说:"父王,所谓福德因缘是自己种植的,不是他人所能给予的,今天我能够出生为公主,固然应该孝敬您,但这一切的福德因缘,是我自己过去所积聚的。"

波斯匿王听了女儿如此忤逆,非常生气地说:"如果我不让你过着锦衣玉食的生活,你还能享受什么幸福?既然你认为自己有福报,我倒要试试你的福报究竟有多大。"

于是国王命令大臣找来一位国中最穷的青年乞丐,把公主匹配给他,公主毫无怨尤地脱去华服,换上布衣和乞丐结为夫妇。有一天公主问丈夫说:"你年纪轻轻,仪表俊秀,为什么会一贫如洗,沦为乞丐呢?"

"唉!我本来也是官宦子弟,只因父母双亡,家道中落,又无一技可以谋生,只好乞讨度日了。"

"父母难道都没有留下什么恒产吗?"

"只剩下一栋荒废的老屋,但是蛛网缠结,破旧而无法避雨。"

"既然还有一间破屋,我们何不回到家乡,同心协力重辟草莱,耕种花果蔬菜,自食其力,总比沿街乞讨要强得多了。"

于是夫妻两人回到一片残垣断壁的家园,合力挖掘坚硬的石地,打算种些菜蔬。挖着挖着,突然在冰冷的石板下面,发现藏着许多珍奇的金银珠宝,靠着这些祖先们埋藏的宝物,很快地又把家业复兴起来,成为当地的首富,消息不胫而走,传到了波斯匿王的耳中,国王对于自业自受的因果业报终于信服不疑了。

有时候福报来临之时,好比江涛潮水一样,滚滚汹涌而来,无法抵挡;福德因缘不具足的时候,眼看唾手可得的财富,却归于湮灭。福寿的取得灭失与否,不是神明所能主宰的,也不是第三者所能决定的,纵然是家族亲人,也只是一种助缘而已,如何才能获得福寿呢?要靠自己去培植福寿的因缘。佛经上说:

现在之福,积之祖宗,不可不惜;

将来之福,贻之子孙,不可不培。

现在之福,譬如点灯,随点而随竭;

将来之福,譬如添油,愈添则愈明。

我们要善于把握现在已有的福德因缘,努力种植未来的福德因缘,如此必能福乐常随,永享甘醇的美果。

三、如何增福寿

既然福寿的得失与否有它一定的因果关系,那么我们应该如何培植福寿的善因善缘,才能获得更多福寿的美果好报呢?以下提供十种增广福报方法:

1. 少贪多舍:一般观念总以为取得才能拥有,事实上贪得无餍并不能得到福报,反而会因小失大,甚至把本来拥有的福报丢失尽净。贪取的心如果能减少一分,喜舍的心增长一分,福报不求自生,自然会降临我们身上。喜舍好比播种,必然能有收成;贪婪仿佛掘根,根本不固,如何冀望果实累树呢?因此,唯有知道施舍,才能得到福报。

2. 少聚多散:"良田万顷,日食几何?大厦千间,夜眠不过八尺。"人一生就活在囤积之中,囤积金钱、囤积物品,悭吝守财,最后做了钱财的奴隶,不能享受"千金散尽还复来"的放达洒脱。对金钱应该视如流水行云,流动的江水才不会发出臭味,飘荡的浮云才不会聚集一方,金钱应善加运用,充分发挥它的功效,而不是积聚不取,成为日后子孙纷争的根源。有钱固然是一种福报,懂得如何散金用钱,更是一种智慧。

3. 少执多放:人生为何有苦恼?因为我们执取虚妄为真实,不知看破放下,当然不能自在逍遥。人生唯有少执着,多放下,对名利不执着,对权位不执着,对人我是非能放下,对情爱欲念能放下,才能享受随缘随喜的解脱生活。

4. 少傲多谦:万事成于谦虚,败于骄矜。溪壑因为低下,所以能容纳百川,成熟的稻穗总是俯得更低,我们昂藏六尺之躯,生活在五尺高的天地之间,要学习谦下,要懂得虚怀,如大地之谦卑,才能承载万物,成就万事。

5. 少私多公:自私的心去除一分,凡事不能只想到自己的利害,不管别人的生死。应顾念大众的利益,与人多结善缘,因缘具足,幸福自然指日可待。

6. 少忧多喜:弥勒菩萨有首偈语说:"老拙穿衲袄,淡饭腹中饱;补破好遮寒,万事随缘了。有人骂老拙,老拙只说好;有人打老拙,老拙自睡倒。涕唾在面上,随他自干了;我也省力气,他也无烦恼。"日常生活中不要常拿忧愁的事情来烦恼自己,让自己活在愁云惨雾之中。纵然遇到不幸打击,也要抱持豁达的心胸,转痛苦为快乐,化郁闷为开朗。譬如听到别人诽谤中伤自己,可以如此运思:"如果自己有过失,别人的指责正可以为自己消除业障,应该闻过则喜;如果自己没有瑕疵,诽谤正可以庄严我们的菩提,应该感激对方。"如此一个回心,天地多么的辽阔,任我徜徉;如此一个转念,再严重的困局,没有不迎刃而解。

7. 少爱多慈:渴爱是一切烦恼的渊薮、痛苦的来源,把染污、有漏的私情私爱,扩充成为对一切含灵的悲悯,对一切众生的慈心,爱的内涵将更隽永,爱的意义将更深远。

8. 少色多德:古人曾慨叹说未见好德如好色者,贪恋美色是众生普遍的倾向,但是美色有时会蒙蔽我们清净的自性,若能将贪逐美色的心,提升为道德的追求,生活必能另有一番风光。

9. 少自多他:在我们的观念里,"自"和"他"是对立的,别人得到了好处,相对的自己就失去了利益;但是佛教却认为自他是一如的,别人的幸福是我们的快乐,他受用即是自受用,这种把"他"融入自己的"自",生命更为广大,幸福更为真切。

10. 少拒多容:别人有求于我们的时候,不轻率拒人于千里之外,要包容对方,给予信心激励。大海能成其深广,因为它不拣择细流;高山能成其峻伟,因为它不拒绝寸土。有容乃大,无别则广,我们应该培养弥勒菩萨"大肚能容,容天下难容之人"的胸襟。能够如此,何处不能随遇而安呢?

若能做到以上十点,幸福必定常随左右。如何才能多寿呢?以下分列十点作为参考:

1. 少肉多菜:佛门物质生活淡泊,但是有许多老和尚却活得非常高寿,主要和佛教主张素食有很大的关系。许多人以为吃素食营养不良,容易饥饿,缺乏体力,事实上不尽如此,观看动物之中的牛、马、骆驼等皆为草食的动物,但是它们或者在烈日下为主人犁田,或者奔驰疆场卫国保民,或者载运货品于沙漠,耐力最大,体力最足。而肉食的虎豹豺狼虽然很凶狠,威猛冲扑一下,后继无力。何况吃素的牛所挤出来的牛奶,营养价值甚高,成为现代母亲哺乳婴儿的代用品,因此素食并不如想象中那么没有营养。

2. 少杀多放:少杀生、多放生才能长寿。社会上有种怪象,每逢婚丧喜庆时,宰杀动物牲禽尤为激烈。譬如为老人祝寿,往往以杀猪宰羊享宴天神来求得长寿。求长寿应多放生,夭折其他众生的生机,只会招致短命果报,如此缘木求鱼的愚行,智者不为。小孩弥月,母亲要吃多少的鸡汤补品,人类只想到自己骨肉天伦生命诞生的喜悦,而不顾其他生命骨肉乖违、生离死别的痛苦,何其自私。亲友病逝,生命的殒灭已经是让人伤感的事了,但是无知的子孙却杀害牲畜来祭拜亡灵,增加亡者的罪业,能不戒惧! 所以,婚丧喜庆应以放生代替杀生,增加民福民寿,让全世界、全宇宙的一切众生都能和自己一样多福多寿。

3. 少盐多淡:如何才是健康之道?少吃一些盐,减少消化器官的负担,口味清淡,有助于养生延年。

4. 少糖多果:多吃水果,少吃糖分高的东西。当然,过与不及都不是中道,含有盐分或糖分的东西,我们要适量摄取,而不是因噎废食,完全不吃。

5. 少食多嚼:过去,野有饿殍是时有耳闻的事,如今肥胖症是全世界常见的毛病,营养过剩,成了现代人的烦恼。古人说:"食不求饱。"吃饭只求八分饱,可常保健康,头脑清醒,吃得过饱容易昏沉,并且胃肠工作量过重,容易产生疾病。除了吃得少之外,更要细嚼慢咽,既可享受美味,并能得到长寿。

6. 少车多走：文明越进步，人们亲自动手用脚的机会相对地减少；洗衣服有洗衣机，割草有割草机，上楼可以乘电梯，出门有车子代步。如何才能长寿？运动跑步很重要，我们要多利用双脚走路，尤其是饭后的散步更是长寿的秘诀。"饭后百步走，活到九十九"，跑香、经行，也因此被列为佛门的重要生活训练之一。

7. 少愤多笑：瞋恨就像一把火一样，可以烧掉一切的功德，瞋恨的火还没燃烧到别人以前，先灼伤到自己。怨愤就像仰天吐痰，必堕其面；又如逆风扫尘，必覆其身。世间的事情再难忍、难堪，哈哈一笑，尽付笑谈之中，每日依然光明如煦日，和悦如春风。

8. 少忧多睡：有的人上床睡觉，常常是辗转反侧，难以入眠，这是因为心中忧愁烦恼。莫将烦恼带到床上，莫将忧愁留到明天，应该训练自己一上床即能抛下众缘，安心入睡。

9. 少言多行：愈是香甜的酱菜，坛口总是封得愈密，坐而言更要起而行，少说无意义的话，多做有利于大众之事。言不及义，不知实行，不仅浪费光阴，话说多了，也容易伤到自己的元气，身体力行更能保健长寿。

10. 少欲多施：把爱欲心去除一分，少贪取、少企求；将施舍心增加一分，多给予、多慈悲。过去日本有一个贫女阿照，由于布施一盏油灯供佛，终于和失散多年的老父亲团圆。这一盏贫女的灯，1300多年来一直供奉在高野山上，常明不灭。后来日本的几位佛教徒，专程包机，把这盏千年长明灯送到佛光山。少欲多施的功德可见一斑。

另外，古德高僧的诗偈中，也有不少谈及如何增福添寿，如：

三宝门中福好修，大富之家前世修；

未曾下得春时种,坐守荒田望有秋。
　　一切财产总非真,及早将它施于贫;
　　水火盗官并逆子,五家有份尽来侵。
　　一粒落土百粒收,一文施舍万文收;
　　与君寄在坚牢库,汝及子孙享不休。

　　富贵要自己去耕耘,福寿要自己去播种,不知勤奋耕种而冀望有成,犹如守株待兔,终归幻灭。世间的财富虚妄不实,熊熊烈火、汹涌洪水、强盗贪官、不肖子孙,都可能夺去我们辛辛苦苦、血汗相濡攒聚的钱财,不如将它施舍出去,让穷困的人现世受益,并且德泽庇荫子孙于来生,得享无尽福报,何乐而不为呢?怎样才有福寿?"能善行礼节,常敬长老者;四福自然增,色力寿而安"。求得福寿之道并不困难,就看我们能够努力多少,实践几分。

四、佛教对福寿的看法

　　佛教对福寿有何看法,从一首偈文中可以了解一点端倪:
　　心好命又好,富贵直到老;
　　命好心不好,福禄变祸兆。
　　心好命不好,转祸为福报;
　　心命俱不好,遭殃且贫夭。
　　心可挽乎命,最要存仁道;
　　命实造于心,吉凶唯人召。
　　信命不修心,阴阳恐虚矫;
　　修心一听命,天地自相保。

　　惠能大师告诉我们,一切的福寿果报都离不开心地的修持,心地纯善,平时又知与人结缘,培植福寿的因缘,自然富贵随身,长命百岁。存心险恶,虽能左右逢源,享受一时的快乐,但转瞬间即变成灾难祸殃。譬如抢劫偷窃别人的财富,虽能得到短暂的欲乐,但是却埋下日后服刑受苦的恶因,好比以舌头舐食剑上的蜂蜜,虽然尝到甜美的蜂蜜,却把舌头也割伤了。因此,虽然眼前因缘不具足,只要宅心仁厚,心存慈悲,灾祸也会转化成幸福。心地既凶狠,又不知善植福德因缘,必然会遭到贫穷短命的果报。福禄寿命的获得,取决于我们的心念清净与否?只要我们能把这颗心照顾好,时时摄护它,处处观照它,不任它放逸,不使它逾矩,二六时中住在正法之中,那么福寿的获得是毋庸置疑的。

如何才能增福添寿?依佛教的看法,福寿并非上天所赐,亦不是他人所给予,而是自己的业力感得。所谓自作自受,自己的净行善业能为自己带来无尽的福寿,自己的劣行恶业也会断绝福寿的因缘,糟蹋自己的幸福。佛教所讲的五戒,不杀生就能永保长寿,不偷盗就能拥有福报,只要遵守佛教的五戒就能得到福寿。日常生活之中,如何自我修持,才能健康长寿、幸福快乐呢?下列妙诀,可供参考:

吃得粗,吃得少;吃得苦,吃得亏。

起得早,睡得好;七分饱,常跑跑。

多笑笑,莫烦恼;天天忙,永不老。

这诗偈告诉我们正确的生活态度、正常的生活规律,能够如此,福寿自然会有。日常食衣住行中,吃东西不精挑细拣。除了吃得粗、吃得少,更要吃得苦、吃得亏,伟大的事业都是从吃亏受苦中煎熬出来的,污泥里才能长出净莲,烈火中才能冶炼出黄金,在打击挫折下才能造就成熟的生命。如何才能福寿绵长？生活要有规律秩序，早睡早起，有一定的作息；心情要保持安和愉快，不轻易闹情绪，不随便发脾气，让自己忙碌起来，忙碌于学习新的知识技能，忙碌于事业的创造，忙碌于服务社会人群，忙碌于自我生命的提升，把自己的生活充实起来，让烦恼没有一丝空隙可乘，享受放旷逍遥的欢乐人生！

佛教认为人生最大的快乐不在于获得多少，而是在于对已经拥有的能珍惜几分。知足第一富，能知足感恩的人才是世间最富贵的人。"别人骑马我骑驴，看看眼前我不如，回头一看推车汉，比上不足比下余"，比较别人，只有带给自己更多的怨愤痛苦，幸福就在一念的肯定，当下的承担，不忮不求、不悲不恼的当下一念，就是至上的幸福。"勿羡他人富，勿悲自己穷，知足心常乐，无求品自高"，就是这个道理。

福寿既然是我们所企盼追求，那么我们应该追求什么样的福寿呢？佛教认为世间的福寿无论如何的广长，都有它的缺憾限量，不是最究竟殊胜。明朝唐寅有一首诗《一世歌》描写得好：

　　人生七十古来稀，前除幼年后除老。

　　中间光阴不多时，又有炎霜与烦恼。

人生短暂如白驹过隙，虚幻似水上浮沤，每天在吃喝拉撒之际浪费多少宝贵光阴，在所剩不多的生命里，又装满多少的贪瞋苦闷，这种如梦幻泡影的福寿不是我们所追求的对象，这种如镜花水月的人生不是我们所实践的目标，那么人生当求怎样的福寿呢？

　　求福当求永久福，增寿当增无量寿；

　　求福当求智慧福，增寿当增慈悲寿。

我们追求福报应追求生生世世的永久福报，而不是追求一生一世的短暂福报，如《金刚经》所言，一生一世的幸福是有限、有量、有尽、有为、有漏；永久的幸福是无限、无量、无尽、无为、无漏、盗贼不能偷、水火不能侵、永恒不缺失的幸福。

长寿，如果只是肉体生命的延长，而无言教、工作、道德、智慧、和谐等精神作为生命的内涵，其实长寿也是没有什么价值的。我们应该追求永恒不死的真生命，追求与虚空宇宙同在，亘古不灭的无量寿。"求福当求智慧福，增寿当增慈悲寿"。只有福报，没有智慧，好比独轮难行，单翅难飞，必须融合了智慧的福报才功行圆满，有了智慧的福报，才能运用智慧把自己的福报回馈给一切众生。同样地，只有长寿而不知行善，这种长寿对众生而言，无存在的意义。因此我们要追求智慧福、慈悲寿，如观世音菩萨，累劫累世慈悲度化，不求自我完成。在人间，福有限，寿亦有限，如果能把福德修成福德性，那就是无量的了。将有限的人生寿命，修行证悟到自己的真心本性，那个不老、不死，永恒不灭生命，便能随缘逍遥，任运自在，其乐融融了。

1984年7月讲于台北"国父纪念馆"

佛教的道德观

道德是善的,不道德是恶的;
善的毕竟是芬芳,恶的终归是臭秽,
这是道德的价值论,是千古不变的定律。

一般人以为有了财富,人生就有价值;有了名位,人生就有意义。其实人生的真谛并不在于此,主要在于人格和道德的有无,有了道德的人生才是最重要、最圆满的。

古代的纣王、幽王、夏桀,虽贵为一国之王,但他们暴虐无道,如果我们将某人同为比拟,此人心里必定不悦,因为商纣、夏桀的寡德,令人耻与同类。伯夷、叔齐是春秋时代的贤人,兄弟两人为了耻食周粟,相率隐居于首阳山,采薇而食,但因经常三餐不继而饿死。如果我们将某人比喻为夷、齐兄弟,此人一定很欢喜。虽然夷、齐兄弟贫无隔宿之粮,但是他们有道德,忧道不忧贫,古人赞叹他们为圣之清者,因此人们以他们为修身的楷模。可见在人们的心目中,没有人格道德,虽贵为人君,谁也不喜欢与他相比;高风亮节的道德才是人生最宝贵的。

一、究竟和不究竟的一般道德

道德有究竟道德，不究竟道德，有真的道德，也有假的道德。以下分为四点说明。

（一）伪装的道德

道德与知识学问不同，学问能力，四两就是四两，半斤就是半斤，但是道德是可以伪装的。四两的道德可装成半斤道德。有一些大奸巨恶的人，装成伪善的面孔，行假仁假义，那是伪装的道德。

记得我年轻的时候，有一次搭火车，忽然来了一个人，朝我身边一坐，匆匆忙忙把我手上的念珠抢过去，并说："借我用一用。"然后便开始眼观鼻、鼻观心地念念有词，随后有几个警察跟着而来，朝他看看，其中一个警察说："不会是他吧？他是念佛的人。"等警察走过之后，他把念珠还我，一句话不说就走了，这时我才知道，他是个小偷，警察在捉拿他，他就赶紧拿住念珠，蒙骗了警察。所以，伪装的道德，是可以骗人的。

（二）对待的道德

中国的道德，都是上位的人要求下位的人。以君臣的关系来谈，君待臣以礼，臣待君以忠，假如君待臣无义，没有人怪君；臣待君不忠，则是大逆不道。父子之间，父待子以慈，子待父以孝，假如父待子不慈，如卖女为娼的父母，少有人怪罪；若是子待父不孝，就会受人责备。夫妻间的关系，丈夫待妻子以爱，妻子待丈夫以贞节，假如丈夫不爱护妻子，像虐待妻子、三妻四妾，社会认为这些很平常；而妻子待丈夫没有贞节，即是罪大恶极。主仆之间，主待仆应好好用他，仆人对主人要讲忠义，假如主人对仆人不好，没有人会怪罪；仆人若对主人不义，社会就会怪罪于他。

所以中国社会的道德，是上对下的道德，这是不公平的。《大智度论》说："世间如车辆，时间如转轮，人间如车轮，或上又或下。"对待的道德，不尊重人格，不以现代人权至上为原则，所以它是不究竟的道德。

（三）不净的道德

社会上，还有一种不净的道德，例如试管婴儿，这样的孩子，难道将来对他的父母究竟是谁，不会怀疑吗？这是破坏人伦道德的完整，所以是不净的道德。

又如歌颂贫穷，摒弃正当的欢乐，甚至呵斥正当的家庭伦理和感情，放弃人间的责任，不发心服务社会大众，以个人自我逃避为清高，像这样就是有道德吗？

又如应该吃的东西不吃，应当穿的衣服不穿，故意吃得很坏，穿得很破烂；难道一定要表现贫穷、下贱、可怜，才是道德吗？

以上所述，看似道德，其实并不合乎真正道德的标准，这就是不净的道德。

（四）问号的道德

在世间中，有很多大好大坏的问号道德。比方我们为了人类的幸福，用动物来做试验，让他们伤生害命，求得我们将来的健康长寿，这是道德或非道德呢？此外，蟑螂要消灭，老鼠要打死，以人类本位而言是不错的,但是就整个生命环来讲,一定要把他们消灭,让我们生存,这不就是问号的道德吗?

此外,有人为了责任的逃避,感情的纠纷,金钱的负债,选择了自杀,以为自杀就能一死了之,自杀算是道德吗?若说自杀不道德,许多圣贤杀身成仁,舍生取义,为国家,为人类的利益,而自我牺牲,难道这不算是伟大的道德吗?

如果把一个人害死,是很不道德的,法官判人死罪,这究竟合乎道德或不合乎道德?法官判处罪犯死刑,是为了社会、秩序、道德,不得不判刑杀人,难道这不道德吗?

现在有人提倡安乐死,在人病重的时候,与其让他痛苦地活着,不如帮他打一针,让他免受病苦的折磨。佛教以慈悲为根本,对于"安乐死",佛教不绝对否定它,也不断然肯定它。对于每一个生命,都应本着爱心、慈悲心,让他健康地存在。万不得已而施以"安乐死",如果确认是出于慈悲心,不忍病人受苦,也没有什么不对,重要的关键在于是否以慈悲心为出发点。这种不忍其痛苦,希望解除其痛苦的出发点,是不道德的吗?又如医生为了医学实验,解剖人体,或将此人的器官移植到他人的身上,像这样的慈悲,是合乎道德,还是不道德呢?现代的文明国家,凡是重婚都被认为不道德,但天主教有一位主教在非洲传教时,娶了800多位妻子,因为当地法律,女人必须结婚方得出境,这位慈悲的老主教,为了把当地如奴隶般的妇女,带到他处过幸福美满的日子,不得不今日跟这个女人结婚,明日又跟那个女人结婚,以婚姻关系的名义把人带走,使他们脱离苦境,这是道德呢?还是不道德呢?日本佛教真言宗的亲鸾上人,他是一位出家人,娶了300多位妻子,亲鸾上人不是好色之徒,他是可怜那些低阶层的女人,为了提高她们的地位,这是道德呢?还是不道德呢?古人有谓"盗亦有道"、"大义灭亲"的,这是道德呢?还是不道德呢?所以道德不道德的标准,是视我们心中的出发点而定,于人有益的是道德,于人无益有害的是不道德。问号的道德,可以说是大好大坏的道德。

在此,为道德下个注解,即出发点是慈悲的便是究竟的道德,相反地,出发点不是基于慈悲的,虽是好事,仍然是属不究竟的道德。道德的标准,要完全从内心的出发点来决定是道德和不是道德。

二、世间和出世间的佛教道德

佛教道德有世间和出世间两种道德,有共世间道德,有不共世间的道德,以下简略说明。

(一) 眷属之间的人伦道德

道德是人与人之间的关系问题,人与人之间最亲的就是自己的亲属。所以,首先谈亲子关系的道德。子女对父母的行为,怎样才合乎道德的标准呢?父母对待子女的态度,怎样才合乎道德标准呢?下面举出几点佛经的记载:

1. 子女对父母的五种道德:

第一,维护家业。不肖的子孙,容易把祖传财富,一夜之间倾家荡产,所以,维护祖传的产业是应有的道德。

第二,祭祀祖先。子女对父母祖先要有祭祀,溯宗思源的观念。

第三,光宗耀祖。所行所为须能光宗耀祖。

第四,传宗接代。做子女的能为父母传宗接代。

第五,四事奉养。对年老父母,不管在任何情况下,必须无条件奉养,供养他们饮食、衣服、用物、汤药等。

2. 父母对子女的五种道德:

第一,养育成长。对子女有养育成长的责任。

第二,教导学业。使子女接受最完善的教育。

第三,完成婚姻。给予美满婚姻。

第四,导归善路。引导子女走上正路。

第五,传承家业。有美好的家族声誉,让子女来传承。

3. 丈夫对妻子的四种道德:

第一,洁身自爱。丈夫应当洁身自爱,不可借交际应酬而在外面寻花问柳。

第二,委治家权。要把管理家庭的主权交给太太。

第三,衣具庄严。做丈夫的应给妻子穿着美好的衣服,过安乐的生活。

第四,敬爱有礼。太太不是下女,更不是奴隶,应尊重她,并以礼貌相待。

4. 妻子对丈夫的四种道德:

第一,侍奉丈夫。妻子要以恭敬、微笑、亲切、诚意侍奉丈夫。

第二,做事有序。与先生共同维护家里环境、气氛、清净,回到家,能有舒适、温暖的感受。

第三,守护家财。好好管理财产,不要贪图便宜的东西,或放高利贷、标会,因为吃亏上当往往都是由贪念所引起。钱财如何处理,应经常与丈夫研讨。

第四,严守贞节。做妻子的,从结婚那一刻开始,就要认定世间所有的男人都没有自己的丈夫好。

除了父子之间的道德、夫妻之间的道德,经典上还说到主从之间的道德。

5. 主人对仆从的五种道德:

第一,随力作业。既是仆从,他有他有限的能力。对仆从不可超过其能力以外的要求,应依他的能力给予任务。

第二,给予衣食。仆从为主人工作,主人为仆从解决他的生活所需,尤其衣食问题,不可令他匮乏。

第三,病给医药。除了衣食,医药保健也非常重要,虽是仆从,其生命和健康同一般人一样重要。

第四,慰劳奖励。不能只注重仆从的物质生活,他们也需要精神的生活,尤其适时地慰劳及奖励,可以让他们工作称心如意。

第五,休闲活动。不可对仆从要求过度的工作,必须给予他们适当的休闲和娱乐活动。

6. 仆从对主人的五种道德:

第一,早晨先起。知道主人的生活习惯,在主人早晨还未起床之前,应该先起身洒扫,整洁内外。

第二,晚上后眠。晚上,仆从应该在主人睡后才眠,关锁门窗,小心门户、火烛。

第三,勤劳做事。仆从对工作要勤劳,有责任感,应把工作看成是自己应尽的义务。

第四,称扬主人。仆从不可在背后批评议论主人,应该称扬主人种种功德。

第五,忠于职守。仆从要得到主人的欣赏,莫如忠心耿耿。自古以来,忠义即是传统的美德。

佛教非常重视人伦道德,尤其眷属之间的和谐相处,人际之间的互相尊敬,在以人为本的佛教里,是非常重要的。

(二) 知足感恩的经济道德

每个人的家庭经济,有富有的,有贫穷的。富有的家庭,生活不一定幸福;贫穷的家庭,有时反而和谐快乐。在这世界上,有的人能共富贵,不能共贫穷;有的人能共贫穷,不能共富贵。其实,不管贫富,能有感恩的美德,就能促进生活的美满幸福。一个美满的家庭,不是建立在物质上的富有;精神上的道德,才是一切快乐的泉源。

所谓感恩的经济生活,是每个人对生活上的一粥一饭,要有当思来处不易的感恩。一条丝、一块布都不是简单的事,今天的社会,许多人缺少知足感恩的心情,所以我们的经济不管如何丰富成长,许多人仍然不会感到幸福。

佛教对现法安乐的法门提出四点意见:

1. 方便具足:方便即是智慧,譬如把家庭的客厅变成工厂,倡导家庭副业,所谓穷则变,变则通。求财的方法很多,只要是善法,是利众生的,如《阿含经》说:"种田行商贾,牧牛羊兴息,邸舍以求利,造屋舍床卧。"这六种资生事业,明白指示在家信徒,可以合理合法地赚取应得的利益。其他不正当的方法,如淫业、杀业、酤酒、卜卦、算命、大秤小斗等来取得金钱,那就不应该了。

2. 守护具足：若要经济生活合理，必须以道德作基础，正当的言行和事业，才能守护自己的财富；勤劳和守法，才是生财之道的泉源。

3. 善友具足：如果没有善友来往，光是结交一些吃喝玩乐的朋友，也容易散失财富。佛法说散失财富的原因有六种："酗酒、赌博、放荡、非时行、伎乐、恶友"。如能具足"友直、友谅、友多闻"的善友，自然能拥有现法安乐的财富。

4. 正命具足：正命是要有正当职业，正当的经济生活，是量入为出，合法合理的。

生活上的富有，不完全以金钱作为标准，主要是能知足感恩。佛经云："知足之人，虽卧地上亦为天堂，不知足之人，虽在天堂亦为地狱。"多少人家财万贯，但仍然感到不足；多少人家无隔宿之粮，但仍然不改其乐。陶渊明不为五斗米折腰，大迦叶在冢间修行，颜回居住陋巷，他们所以不以为苦，主要是因为有知足的修养。知足之后，进一步对社会要有感恩的心。时时想到我们穿衣，是因为有工人为我们织布；我们吃饭，是因为有农人为我们种田；没有演艺人员，我们就没有电视可看；没有公共汽车司机，我们出门就没有车子可乘。我们所以能生存于人间，主要就是仰赖社会大众给予我们的需要；没有社会大众，我们就无法生活。所以应该把经济道德建立在知足感恩之上。

（三）诚实无欺的社会道德

要建立良善和谐的社会，必须每一个人都能具备诚实无欺的社会道德。社会道德主要就是把人与人之间的关系处理好。人际

关系是非常复杂的,以下举出数点说明:

1. 亲友的关系:人间有亲属的关系,固然彼此增加许多互助,但人间越亲的关系,制造的是非烦恼越多。最好父母、子女、兄弟、姊妹、亲戚、朋友之间,要以道相交,以舍往还,不可只有金钱的往来。亲友的关系应该做到"互相安慰鼓励,嘉勉惜福守财,帮助人格尊荣,彼此隐恶扬善,督促前往善道"。

2. 君臣的关系:长官和部下,领袖和干部,应彼此互信,彼此相依。做部下的人,要有"良禽择木而栖,忠臣择主而事"的智慧和情操;天上的凤凰,一飞冲天,如果没有梧桐树,它是不会停下来栖息的。忠心耿耿的大臣,若不遇明君,连官都不要做。做领袖的人,要能知人善用,量才运用。所谓"世有伯乐,而后有千里马;千里马常有,而伯乐不常有。"当然,不会人人全是千里马,但我们应该知人识人,这是一个领导者所必须具备的条件。

3. 信仰的关系:人不能没有信仰,有了信仰,就会有人神的关系、师徒的关系、道友的关系。做一个佛教的信徒,护持佛法是最重要的责任。我们应该:第一,护人更要护法;第二,护神更要护佛;第三,护师更要护众;第四,护寺更要护教;第五,护老更要护幼;第六,护财更要护道;第七,护情更要护理;第八,护私更要护公;第九,护己更要护他;第十,护身更要护心。

4. 职业的关系:立身社会做人处世,不能没有生活,既然谋求生活,就要和各种职业建立关系。受教育时,和老师来往;要衣要食时,和农工来往。不论什么职业上的来往,诚实无欺是最重要的道德。

除上述之外,还有师生关系、乡党关系、同学关系等等,任何社会人际关系的道德,必定要奉行五戒中的不妄语戒,才能诚实无欺。

人世间彼此的关系如君臣、亲友、夫妻、主仆等,皆是靠社会道德来维系调和。我们和社会的关系,不管是对长官、老师或朋友,要像凤凰般择木而居;亲友则守望相助、尊重推崇;夫妻之间,彼此洁身自爱而敬爱有礼;主对仆慰劳奖励,仆对主忠于职守,主要有培养仆人能独立经营,独当一面之善心,仆要有尽力发扬主人事业之忠心。如此,才能缔造一个诚实无欺的社会道德风气。

(四)自由民主的政治道德

现在是自由民主的时代,我们关心的是民主政治;民主政治的时代需要有理性,需要有政治道德。

佛教里传说,如果悉达多太子当初不出家修道而接掌王位,便是一位英明仁慈的转轮圣王。所谓转轮圣王的政治,就是一种自由民主的政治。根据《长阿含经》中《转轮圣王修行经》的记载,轮王的政治是不以刀杖,以法教令的,也就是行五戒十善的德化政治。这种政治的内涵是什么呢?

有一次,轮王的太子问道:"父王,轮王的正法如何?应该怎样去推行?"轮王回答:"应当依于法来立法,恭敬尊重观察于法,以法为首,守护正法,以法来教诫宫廷中的人,如王子、大臣、群僚、百官,以法爱护人民百姓,乃至禽兽等。"

轮王又说:"身为国王应该礼贤下士,尤其对于有道高僧,应多亲近请教,因为他们知道什么是善,什么是恶;什么是犯,什么是不犯;又何者可亲,何者不可亲;何者可行,何者不可行;施行什么法可使人民生活安和乐利等道理。"

轮王治世尤其重视慈善,对于孤苦老者应救济安顿,对贫困者应给予帮助。在公益事业方面,如开掘义井、河边设福德船,免费供给行人饮用或过渡。

佛教所说的这种政治道德,因为是以法治化,所以没有怨敌,是布施持戒,泛爱人物,善摄眷属,人民殷盛富乐丰实,聚落村邑,鸡飞相接,举国人民更相敬爱,种种众伎,共相娱乐,完全呈现出太平盛世的气象。

佛教对于政治的态度,就如太虚大师所说:"问政而不干治。"因此,佛教对于自由民主的政治道德也有它的理想,例如佛陀在《长阿含经》的《游行经》里,曾经就以谈论政治的理想,善巧地化解了一场侵略战争。其中谈论的从政七事是:民主集会、和合团结、维护传统、尊敬元老、教育普及、重视宗教、从事生产等。事实上,古代印度的政治,是很注重民主自由的,凡是国家大事,都是撞钟击鼓集合大众共商国事。国王也很尊重大臣百官的意见,这从经典记载转轮圣王的十德可以看得出来。轮王十德是:

第一,宽大清廉。

第二,接受民意。

第三,与民同乐。

第四,依法征税。

第五,威严适度。

第六,不贪聚敛。

第七,禁歌歇舞。

第八,公而忘私。

第九，和悦臣民。

第十，珍摄健康。

这些都是属于佛教的政治道德。

(五) 归敬三宝的宗教道德

有一些人在这个庙求得不灵，就到别的庙，或者信了这个教，又改信那个教，像这样就是没有宗教道德。为了自己幸福而杀生却去祭拜，这也不合乎宗教道德。生病求神明给我健康，没有钱求神明给我发财，这也是不合乎宗教道德。做事情能不能合乎道德，能做不能做，自行决定就好，偏偏要在神明面前占卜问卦，一旦出了问题，便说这是神教他做的，把责任推给神明。

对于信仰的对象，为什么会朝秦暮楚，或对它有种种的要求，除了欠缺宗教道德观念，也有认识上的错误。佛陀对于宗教信仰曾经开明地指示，他说：不要因为大家这么说就信仰，必须经过自己理智地抉择，才信仰它。这样的信仰才不会后悔。

佛教的三皈五戒才是合乎宗教道德的信仰，皈依教主佛陀，皈依佛法真理，皈依僧宝师父，这种三皈依的真正意义，除了确定我们是一位真正的佛教徒，不再改变信仰之外，最主要是要奉行佛法。皈依三宝的人，虽然不一定要吃素，但是必须遵守佛陀开示的做人基本道德，内容是：

第一，不杀生——不随便杀害生命。

第二，不偷盗——未经许可，不得擅自取用别人的财物。

第三，不邪淫——不破坏别人家庭的幸福生活，以及他人的贞节情操。

第四，不妄语——不得说谎诈骗及诽谤别人的名誉与信用。

第五，不饮酒——不得吸食任何会损害身体健康及迷失理智的饮料或药物等。

佛陀制定的这五条戒法，也是社会的基本道德，如果人人都能奉行，那么任何人在任何时刻都不怕生命会受到杀害、财物会被偷窃、夫妻情感会被抢夺、名誉信用会被伤害、身体智慧会受到损伤，这是形成安和乐利的社会的基本条件，从这里证明三皈五戒是合乎宗教道德的，不是信仰了佛陀，就一直要求佛陀，祈祷佛陀能给予什么，而是一心一意地奉行佛陀的教诫，从而获得身心的健康与家庭的幸福。

虽然对信仰的对象不作要求，但对于自己未来的种种增上，如财富的增加、身体的健康、眷属的和谐、寿命的延长等，是可以要求的，而这种要求也应从自己的行为做起。

希望未来及来生比现在丰富美好，必须能再出生为人或上升天上。佛陀对于出生做人或上升天上，也开示了三个法门，即布施、持戒与禅定，称之为人天三福行。

布施与持戒（五戒），都是克制自己、利于别人、牺牲自己、福利人群的做法，与一般向神明要求的信仰比较，更说明了皈依三宝才是真正的宗教道德。

布施持戒可以出生为人，若想升天则必须兼修禅定。

宗教的信仰，什么是迷信？什么才是正信？以上所述皈依三宝，奉行五戒十善的说明，应该可以得到一个合理的判断，信仰的目的是奉行教义，克制自己来升华人格的；能够皈依三宝，奉行五戒十善，不再改变这一信仰，这就合乎宗教的道德。

(六) 大乘行愿的菩萨道德

世间的一般善行,当然比恶行来得好,而佛教所讲的道德,又超过世间的一般善行,这就是大乘行愿的菩萨道德,是不共世间的最高德行。

佛教所讲的慈悲,是无缘大慈,同体大悲,这是学佛的最高行门;没有具备慈悲心,修行任何法门,都不能与菩提心相应的。一般我们对人行慈悲,都是看我对你有没有缘,我高兴不高兴,或者想到你将来要如何回报我。但佛菩萨的道德,是不管你我有没有缘,不管你是否会回报我,他都愿意行慈悲。我们现在行慈悲,是可怜你、救济你、帮助你,是站在能救济、能帮忙的立场,对方是被救济者、被帮忙者。佛教的慈悲,则是你的苦就是我的苦,你我是没有差别的,这种慈悲和爱、博爱是不同的。

大乘行愿的菩萨道德,是要行忍辱的。有的人受到别人的伤害、打击,没关系,我忍耐起来,这虽然也称为忍耐,但总是做得很勉强,而且碰上因缘,可能也会想办法报复,这是一般人的忍耐。菩萨的忍耐是一种尊敬对方的忍耐,菩萨忍耐不仅在脸上、口上,甚至在心上,根本不需要忍耐,而是自然就如此,是不用力量的忍耐。因为他能深观缘起性空之理,任何顺逆之境,都是无自性的,从忍耐事相的当体,就能得到解脱,成就最高忍辱波罗蜜的修行。平常人的忍耐是忍耐昨天、今天,忍耐一次、二次,到现在实在不能忍耐了,这就是一般凡夫的忍耐,而菩萨忍耐是必须经历三大阿僧祇劫的时间,才能圆满忍耐的功德,可以说是永远的忍耐。

我在高雄开创佛光山,没多久,山下就有叫佛光饮食店的小商店开张了。有人跟我说:"师父,为什么我们佛光山的名,他们也拿去当招牌使用,应该阻止,不允许他用。"我说:"没有关系,诸佛菩萨连身体、骨髓都布施了,何况佛光山这个名,又不是我们的专用品,他喜欢就让他去用好了。"不久,佛光新村出来了,佛光砂石场、佛光旅行社、佛光加油站也出来了,我还是说不要紧,发菩萨心要能为众生担当,别人用了这个名字,我都不能担当吗?这几十年来不管有多少"佛光"砂石场、旅行社、餐饮店,我都不辩白。

由于菩萨具有高的智慧,大的力量,才能做到难忍能忍,难行能行,所以佛陀赞叹忍辱的功德是布施持戒所不能及,能忍辱是有力的大人。

中国道家的无为是小乘境界,以了脱生死的自利为重,是不究竟的境界。甚至佛教界为社会所提出的服务、利济众生的事业,站在大乘菩萨道德上,仍是不够完善、不究竟。

修学菩萨道德先要有道德意志,所谓"富贵不能淫,贫贱不能移,威武不能屈",在意志上建立社会道德意志。然后,发恒常心,行菩萨道,运用与三轮体空相应的般若空性慧,行无缘大慈悲心,坚固永不退转的愿力,再建立道德勇气。

1. 道德勇气:所谓道德勇气,是有所为,有所不为。菩萨观众生迷着种种欲乐,沉沦于生死苦海中,而引生无量慈悲,发起上求佛道,下化众生的菩提心,进而广求无量善巧的空性方便慧,勇往向前,不断地去做有利于社会人群的事。空性慧是理"智"的、方便的;慈悲心是情感的、"仁"慈的;菩提心是意志的、"勇"敢的,这些与儒家的智仁勇三达德相似,而此究竟无上的行愿,正是最伟大的道德勇气。

2. 道德责任：有了道德勇气，接下来要有道德的责任；道德不是逃避的，是要负责任的。皈依三宝要发誓，这是对信仰负责任，机关主管或上至国家元首就职时宣誓，都是对自己的职务负责任。

菩萨修学佛道，当他们发了愿心之后，除非众生度尽，否则绝不轻易放下众生的生死不管，而自求解脱的。地藏菩萨的愿力："众生度尽，方证菩提；地狱不空，誓不成佛。"台北汐止的慈航菩萨说："只要一人未度，切莫自己逃了。"都是对自己言行道德负责的明证。阿弥陀佛所发的四十八愿，每一愿都是为自己的道德志愿负责，例如第十八愿："设我得佛，十方众生至心信乐，欲生我国，乃至十念，若不生者不取正觉。"阿弥陀佛每发一愿，最后必附带一句："若不尔者，不取正觉。"这便是一种道德责任。

3. 道德荣誉："一言既出，驷马难追"，除了对自己所言所行有责任感，对大众更要有荣誉感，古代不知有多少先圣先贤，为了忠孝节义，坚守节操而万古流芳；这就是道德荣誉的作用。菩萨的道德荣誉，是常常生起惭愧心，所谓"耻有所不知，耻有所不净，耻有所不能"，总觉得能力有所欠缺，度化众生无法用尽全力。如果愿力无法达成，是一件不名誉的事，所以更加勇猛精进，勤求无量方便法门。

圣贤不会欣赏自己身上散发出来的光圈，菩萨的道德荣誉，更是以无我而度众，以无相而布施，如《金刚经》所说："应无所住而生其心。"菩萨度化众生的目标，是"所有一切众生之类，我皆令入无余涅槃而灭度之，如是灭度无量、无数、无边众生，实无众生得灭度者。"以世俗来说，就是不矜己功；以佛教来说，就是以出世的精神做入世的事业。菩萨的道德荣誉，是达到无我相，无人相，无众生相,无寿者相的平等境界。

4. 价值:"伟大",是多少辛苦、多少努力换来的赞美词句,世间往往有好人难做,善事难为的现象。所谓"道高一尺,魔高一丈",但是我们必须站稳脚跟,坚定信念,相信正义必然胜过邪恶,黑暗一过,光明必定到来。

善有善报、恶有恶报,这是道德价值的定律。有一首诗说:

善似青松恶似花,看看眼前不如它;

有朝一日遭霜打,只见青松不见花。

唯有善的道德,才能像永远不枯萎的青松,所以有朝一日遭霜打,只见青松不见花。我们必须肯定道德价值的见地,为了自己,进步再进步;为了真理,奉献再奉献;为了世间,服务再服务。道德是善的,不道德是恶的;善的毕竟是芬芳,恶的终归是臭秽,这是道德的价值论,是千古不变的定律。

1981年11月15日讲于台北"国父纪念馆"

佛教的政治观

佛教与政治之间，彼此息息相关，相辅相成，
政治需要佛教的辅助教化，佛教也需要政治的护持弘传。

政治是管理众人之事，人是群体动物，无法离群索居，势必与大众有密切关系，既然无法离开群体，因此每个人也不能远离政治而生活。参与政治是国民的权利，但一般人谈到政治，往往将它与权术、谋略、党派、斗争画上等号。其实，除了党派选举之外，还有许多与政治有关联的问题，我们都应对它建立正确的认识。

政治是社会组织的重要一环，关怀社会则不能不关心政治。佛教与政治之间，彼此息息相关，相辅相成，政治需要佛教的辅助教化，佛教也需要政治的护持弘传。

一、佛教对国家政治的贡献

佛教不仅对政治有精辟的主张，尤其能辅助政治的不足，防范犯罪于未然，鼓舞人心向上、向善，具有积极性、平等性、包容性、互摄性、圆融性的特质，佛教对于国家政治的贡献，历代都有许多记

载,不胜枚举。今分为十类说明:

1. 帮助生产:社会上有些不了解佛教的人,讥讽出家人不事生产,坐享其成,其实佛教对于促进国家社会的生产有很大的贡献。譬如印度佛教的托钵生活传到了中国,经过百丈禅师的改革,提倡农禅生活,主张"一日不作,一日不食",寺院本身不但达到自给自足,并且增进了国家的农业生产。譬如胡椒、胡萝卜、胡桃,甚至捆绑东西的胡麻,都是西域高僧将佛法传入东土时,从西北边疆和国外带到中国的日常用品,这些都是佛教对于农业生产的贡献。

除了帮助国家的生产,佛教对于山坡地的开发、森林的维护,亦是功不可没。《顺治皇帝赞僧诗》有两句说,"天下丛林饭似山,钵盂到处任君餐"。佛教的寺院又称为丛林,在丛山峻岭之中,出家人披荆斩棘,开辟山林,创建道场,既培植维护森林,也为名山增添了灵气。

2. 开发交通:从古至今,许多道路是出家人胼手胝足修建的;许多河流是僧侣双手开凿完成的;许多江边滩头是僧侣划起摆渡的木桨,方便过往行人;许多急湍激浪的江上,是佛门衲子以慈心悲愿架起桥梁,沟通两岸,引度众多迷津。对于筑路、开河、摆渡、造桥等慈善工作,佛教徒都献出了他们对国家社会的关怀。

3. 保护生态:文明科技的进步,带来生态环境的严重破坏,保护生态成为现代人流行的口号。佛教对于山林的保护、动物的爱护、水土的保持,整个环境生态的均衡维护,可说是尽了最大的心力。佛教认为有情无情众生皆有佛性,不可妄加伤害,在慈爱不忍的悲心之前,生态自然获得保护,人类也享受了自己播种的美果。

4. 利济行旅:佛教有时在路旁搭建凉亭,让羁旅在外的游子有个歇脚休息的地方;在路边挖掘一口水井,供给饥渴的人清凉甘露;在路口施茶,让疲惫的行人得到滋润,恢复体力;晚上悬挂灯火,让夜行的乡客有了照明,以便兼程赶路。佛教的施亭、施井、施茶、施灯,不但广结善缘,令在外奔波流浪的异客得到方便,也替国家社会尽了一份义务。

5. 文化建设:历代以来,有不少的艺术家在敦煌、云冈、龙门、大同,雕刻许多气势磅礴的佛教艺术石像,在暗无天日的石窟中描绘巧夺天工的壁画,为中华民族的文化留下了璀璨的遗产,甚至中国佛教伽蓝殿宇建筑之雄伟豪壮,至今还成为后代子孙夸耀国际友人的文化宝藏;佛教艺术的精美,在中华文化宣扬的工作上,扮演了功不可没的角色。

6. 安住军民:过去每逢兵荒马乱的时候,寺院往往成为军队驻扎的场所、难民栖止的避风港。有位将官曾经率领两师的军队,住在四川的皇觉寺,而躲过了一场兵灾。1937年抗战兴起时,南京栖霞寺也曾收容难民达20万人之多,寺里的饭头师父们,每天为了煮稀饭给20万人吃,忙得不可开交。佛教的慈悲包容,使许多遭受刀兵劫难的人,免于颠沛流离的痛苦。

7. 兴办教育:过去寺院曾经举办过不少义学,礼请名师大德,免费教育失学的人,我个人也曾做过义学的教师。

古来许多大政治家与大文学家,因出生寒微,往往借住寺院,食宿皆由僧寺供给,俾使成就其学问,例如范仲淹、王安石、吕蒙正、李春芳、史可法等名将宿儒,都是在寺院里苦读成功的。这几年来,当局更是运用寺院的场地,举行各种讲演、讲习会,像佛光山也时常提供各种讲习的服务。

除此之外,寺院更是莘莘学子读书的最佳环境。譬如佛光山新竹无量寿图书馆,有最舒适的空调设备、最幽雅宁静的环境,是学生们最喜欢的读书地方,每逢星期日、寒暑假期间,更是座无虚席。另外,寺院也创办各种学校,譬如泰北中学、慈航中学、侨仁中学、智光商职、普门中学等等,以佛教服务奉献的精神,为国家社会培育英才。

8. 医疗救济:佛教不仅用戒定慧三学来祛除贪瞋痴三毒的心病,更以现代的科学医药来治疗奇难杂症的身病。江苏扬州的高僧鉴真大师,他曾在扬州成立施诊医疗,为乡民服务。后来,他不仅将佛教及中华文化传到日本,也把医药传播到日本。

三十几年来佛光山先后于高雄、台北等处成立佛光施诊医疗队,每星期开车到穷乡僻壤,替贫病的人看病医疗,每次数百人以上接受义诊。我们的宗旨是:"把医药送到偏远的地方,让健康的人为贫病的人出力。"看到医护人员每天拖着疲惫的身心,我常劝他们休息,但是睡了一觉,第二天他们又精神抖擞地对我说:"大师,我还是去施诊吧。"佛教所说的"但愿众生得离苦,不为自己求安乐"的慈悲精神,使他们忘记了辛劳,每日生活在为人服务的快乐之中。

除了施诊医护之外,佛教更从事多种的赈济工作,例如施棺、施衣、施米,佛光山每年均举办冬令救济,将温暖送给饥寒交迫者。除此之外,佛教办有养老育幼的福祉事业,如佛光山的宜兰仁爱之家、佛光精舍、大慈育幼院等,多年来为社会孤老无依、童稚失怙的人,提供安稳的家。

9. 财务运转:佛教过去开办类似今日当铺、磨房的设施,只向百姓收取非常微薄的利息,甚至完全不取分厘,以帮助贫苦人士经济上的周转运用,譬如北魏的僧祇粟、南北朝的寺库、唐朝三阶教的无尽藏院,都是佛教为了便民利国的金融事业。

佛教可说是当铺的开创祖师,只是佛教创设典当的制度,不同于今日一般当铺的放高利贷,以剥削穷人血汗为目的。佛教是本着来之于十方,用之于十方的精神,把社会的净财作集中,然后再一次发挥其整体的力量,回馈于社会。

10. 科技文学:社会有一句流行口号"科技救国",大家相信科技文明可以富国利民。其实从佛经里可以看出佛教已有前端的科技思想,譬如许多菩萨的名字:日光菩萨、月光菩萨、虚空藏菩萨等,将我们带至虚空世界,与日月太空贯联起来。

佛教认为宇宙最小的单位不叫电子、中子,而是微尘;最大的单位不仅仅是银河系、星云团,而是法界、世界海,佛教的宇宙观扩大了科技人员的思想领域,更丰富了我国文学艺术的内涵生命。中国的古典名著《红楼梦》、《西游记》、《老残游记》等,都与佛教有深厚的渊源关系,书中的作者受到佛教巨大影响,佛法提升了他们的思想境界,创作出历久弥新的不朽作品。

除了科技文学之外,佛教的典故如《天女散花》、《目连救母》等,提供戏剧说话精彩的题材。佛教的梵呗赞颂,给人一种清净肃穆的庄严气氛,尤其佛教的天女乐神们所使用的乐器,如琵琶、筝、琴等,其中有不少是中国民族乐器的滥觞。特别值得一提的是我们所使用的注音字母,它是从佛教的梵音演化而成的,佛教对于中华文化的影响可以说至深且巨。

佛教对于国家政治的贡献,除了上述十点之外,还可以从历史上的几件事例来了解佛教在烽火连天的乱世,如何扮演攘敌安邦的角色？

唐朝的安禄山举兵造反，军需短绌，出家众便发起贩卖度牒以增加军费，为平定安史之乱尽了最大的力量。南宋高宗偏安江南，接受大臣宗泽的建议，礼请昭光禅院的法道禅师入朝共谋国事，在禅师的极力奔走、竭虑尽忠之下，为国家劝募了丰足的军粮，并且参战军旅、贡献计策，稳定了军机。

曾经一度为禅僧的刘秉忠，元帝入主中原，耶律楚材仰慕他的贤能，特别征召他出仕为相，刘秉忠为保全汉人的生命财产，免受无辜的杀戮，只有挺身而出，立朝仪、订制度，辅佐耶律楚材进行汉化，延续了汉民族的命脉。元代至温禅师，由于赞助王化有功，感动世祖而敕封为佛国普安大禅师。

至抗日战争期间，日本对缅甸、锡兰等佛教国家散播谣言，诬指我国没有佛教，破坏宗教信仰。当时佛教领袖太虚大师组团出国，宣扬国风，揭穿日本虚伪宣传，获得英、美、锡、缅各国的支持，滇缅公路得以畅通无阻，八年的艰辛抗战赖此终于胜利成功。

乐观老法师(1902—1987)年轻时，曾组织僧侣救护队，参加抗日战争的后援工作，救了无数受伤惨重的军民。

古来佛教徒面临国家危亡的时候，都能竭尽全力去效命保护；出家人虽然早已身在红尘之外，但是爱国救国的热忱却不落人后。

二、僧团与历代政治的关系

历朝以来，僧团的沙门和政治的君王常有密切的往来，其中有辅弼朝政被尊为国师者，有转而出仕朝廷贵为宰相者，有一度出家为僧再为人君者，更有舍弃九五之尊剃度出家者，而对于国家政治

有深远影响的出家人更是不计其数,下面列举一些实例加以说明:

(一) 做过出家人的宰相

南朝宋有一位慧琳法师,宋文帝礼请他为宰相来治理万机,当时的南朝宋因此政治清明,国运强盛于一时,时人都称他为"黑衣宰相"、"缁衣宰相",意思就是以出家人的身份来辅佐国家之事。

此外,唐太宗召令明瞻法师入内殿,躬亲铺升床座,盛馔供养,并向他请教古来明君安邦定国之道,他为太宗陈述以慈救为宗的方法,太宗大悦,尊为帝相。"贞观之治"的盛世,明瞻法师也曾参与化育,他以善识治国之方闻名于朝野,可说功不可没。

明朝的姚广孝本来为道衍禅师,永乐皇帝爱其英才,敕令还俗辅佐朝纲,对明初的清明国祚贡献甚大。

(二) 做过出家人的皇帝

明太祖朱元璋未即帝位以前和佛教有一段很深的因缘,朱元璋幼年家贫,17岁曾在皇觉寺出家为沙弥,有一次贪玩夜归,早过了寺院开大静的时刻,山门紧锁,只好在山门外露宿一夜,他即兴吟了一首诗说:

天为罗帐地为毡,日月星辰伴我眠;
夜里不敢长伸足,唯恐踏破海底天。

他语气豪迈,气宇非凡,大有佛印禅师"大千世界一禅床"的气度,日后能创天下,管山河绝非偶然之事。传说朱元璋从小语气就很大,并且常发生灵异的事情。

有一次他负责扫佛殿,殿中供奉着许多罗汉像,由于一尊尊搬下来清扫非常麻烦,他便对着罗汉像大声说:"喂,你们下来,让我扫扫地。"

说也奇怪,那些异相百态的罗汉好像听懂话,一个个从佛龛上走了下来,等到他扫好地,又一个个站回自己的位置。

由于明太祖和佛教的这些因缘,在他即位之后,极力建寺度僧,印纂经书,对佛教护持有加。

唐朝武则天14岁的时候,曾经在感业寺出家,后来再度入宫,并且揽握一国大权当上皇帝。很多人惊诧于她的玩弄权术,对她所为皆是摇头咋舌,其实在政治权力的争夺中,鲜有不流血的惨事,而武则天又出生于重男轻女的封建时代,因此所遭受的评议自然更多。

事实上,武则天对佛教有很大的贡献,譬如佛教徒常念的"开经偈":"无上甚深微妙法,百千万劫难遭遇;我今见闻得受持,愿解如来真实义",就是武则天撰写的。武则天对佛法有极深的造诣,曾经为经典作过注解,并且敕令开凿敦煌石窟,巨大的弥勒佛石雕,就是在她的时代完成的。另外,武则天对于僧团的敬重,历历披载于史书之中,例如华严宗的贤首法藏、北宗禅的神秀,都受武则天敕封为国师,甚至惠能大师也受过她的礼敬。

唐宣宗本来为唐武宗的叔叔,为了躲避武宗的杀害,隐遁寺院出家为僧,有一天和志闲禅师一同游山玩水,禅师看到一泻千里、气势磅礴的瀑布不禁发出赞叹:"穿云透石不辞劳,地远方知出处高;"

宣宗听了,也借诗来抒发情怀,接着吟道:"溪涧岂能留得住,终归大海作波涛。"

意思是说自己这条蛟龙岂能终日受困于浅滩,日后若随着激流回归大海兴风作浪,势必有一番作为,后来果然回朝主持国政。

当宣宗尚在寺院当沙弥时,有一次看到黄檗希运禅师在拜佛,他上前对禅师说:"禅师,你常常开示说'不作佛求,不作法求,不作僧求',请问禅师,你现在拜佛在求什么呀?"

黄檗禅师听了,出其不备地将一个清脆的耳光打在宣宗的脸上,并且说:"不作佛求,不作法求,不作僧求,当作如是求。"

"你说当如何求也就罢了,何必动手打人?太粗气了。"宣宗申辩着。

"这里是什么地方?容你在此说粗说细。"

宣宗言下大悟,禅师的意思是要我们返求自己,内观自性;在清净的自性海中早已泯除一切的差别对待,哪里有粗细可言呢?唐宣宗当了皇帝之后,回想起这件公案,特地赐封黄檗为断际禅师,并且大举复兴佛教,使佛教在历经劫难之后,再度展开蓬勃的中兴气象。

(三)做过皇帝再出家为僧

梁武帝一生笃信佛教,除了礼请达摩祖师东来传法之外,还抛弃位高权重的皇帝不做,四次舍身同泰寺为佛子,自愿服务众生。最后,群臣无策,只好以一万亿钱将他赎回皇宫重新理政,如此四次,可见梁武帝对出家生活的向往。

明朝的建文帝为了逃避燕王之难,26岁时逃到广西,在寿佛寺出家,法名为应能,善说法要,每次听他讲经说法的人,如海会云集,德高望重于一时。有一次在寺中做完功课,掩卷闲眺的时候,

忽然忆起宫中百官朝拜的景象,感触万端地写了一首诗:

阅罢楞严磬懒敲,笑看黄屋寄团瓢;

南来瘴岭千层回,北望天门万里遥;

款段久忘飞凤辇,袈裟新换衮龙袍;

百官此日知何处,惟有群鸟早晚朝。

清朝的顺治皇帝从小就对佛教有一份孺慕之情,当了帝王之后,对佛教的向往之思更是有增无减,他曾经写了一首脍炙人口,流传千古的赞僧诗,诗中对于出家人洒脱自在的云水生活钦羡不已:

朕为大地山河主,忧国忧民事转烦;

百年三万六千日,不及僧家半日闲。

当他看到政治明争暗斗,铲除异己的残酷情形,不禁慨叹:

我本西方一衲子,为何生在帝王家?

黄金白玉非为贵,唯有袈裟披肩难。

最后,他毅然决然抛下皇位撒手西去,追求他心仪已久"天下丛林饭似山,钵盂到处任君餐"的出家生活。

(四) 做过国师的出家人

历代有不少的出家人受到帝王的敬重,尊为国师,为国家的仁王之治贡献他们的智慧。譬如南阳慧忠禅师,唐肃宗、代宗都曾敕封他为国师。华严宗三祖法藏贤首,唐高宗曾经跟随他求受五戒,武则天请他至宫中宣讲华严要义,法藏为了让武则天容易明了体用一如的道理,就近取譬宫门一对金狮,成就"金狮子章"的伟大著作,使华严宗在有唐一代大放异彩。

四祖清凉澄观更是受到代宗、德宗、顺宗、宪宗、穆宗、敬宗、文宗等皇帝的敬崇，被尊为七帝国师，受到未曾有过的殊荣。唐悟达知玄国师，幼年时就表现他过人的聪颖，5岁时曾做过一首咏花诗，来说明诸行无常的道理：

花开满树红，花落满枝空；

唯余一朵在，明日定随风。

悟达国师11岁的时候，出家于资圣寺，唐文宗崇礼如师，宣宗即位后，曾颁赐紫袈裟，并且敕封为三教首座，曾经襄助宣宗复兴佛教，功绩炳然。他教化君王的诗至今仍留传于世：

生天本自生天业，未必求仙便得仙；

鹤背倾危龙背滑，君王自古无百年。

此外，宝志禅师曾为梁武帝的国师，玉琳国师为清顺治皇帝的师父，天台智者大师受到隋唐两代帝王的尊敬。以上这些大师抱持方外之士的超然胸怀，以佛法的无比智慧，为国家的安乐、人民的幸福而提出了箴言。

（五）影响国家政治的出家人

南北朝时代战乱连连，尤其当时的石虎、石勒雄踞一方，嗜杀成性，许多百姓皆遭受到无辜的杀戮，西域高僧佛图澄决定度化这两位杀人如麻的魔王，解救生灵于涂炭，于是独自到军营会见石虎、石勒，并说："大王，你们应该以慈悲来对待百姓，不可妄加杀害。"

石虎听了，脸上现出阴狠鄙夷的笑容，对佛图澄说："你们出家人讲究慈悲心，我倒要看看慈悲心究竟是什么样子？把慈悲心拿给我看看。"

佛图澄看到石虎如此刁难,毫不犹豫,立刻拿起一把利刃,把自己的胸膛剖开,拿出一颗血淋淋的心,随即令徒弟拿一盆水来,把温热的心放在水里,口中念念有辞,说也奇怪,水里竟然长出一朵亭亭洁净的青莲花,把石虎、石勒看得目瞪口呆,佛图澄即对石虎、石勒说:"这就是慈悲心,能够长养一切的清净善法。"

凶残的石虎、石勒赶快下跪忏悔,从此一改残暴的本性,尊重佛图澄为师,凡有国事都请教于佛图澄。

历代对国家政治深具影响的出家人非常多,譬如佛图澄的弟子道安大师劝谏苻坚休战。唐朝的玄奘大师一面要主持佛经的翻译工作,一面要随驾太宗左右,接受咨询国事。玄奘大师圆寂的时候,唐高宗罢朝三日,悲恸地对大臣们说:"朕失去了一件国宝!"玄奘大师受到朝野的仰崇之深可见一斑。唐代玄琬法师受朝廷礼请为太子太傅,以四事教导东宫太子未来掌政爱民之方:一行慈二减杀三顺气四奉斋。

日本圣德太子订定十七条宪法,明文规定日本世世代代为笃信三宝的佛教国家。至今,日本佛教依然非常兴盛,可见圣德太子贡献之深远。韩国亦曾以佛教为国教,并以雕刻大藏经救国。另外,在泰国国王即位之前,必须接受短期的出家生活训练,等到出家人的威仪具足了,佛教的慈悲精神具备了,才能掌理政治;如此佛教影响政治,政治影响佛教,使泰国成为东南亚的佛教国家。

隋文帝曾经赞叹灵藏律师说:"朕是世俗凡人的天子,你是求道学法者的天子;你能以佛法度人为善,而朕只能以法令禁人为恶。"皇帝是政治上的国王,影响于一时;出家人是真理的法王,影响于万世。

印度阿育王,原本心性凶恶暴虐,皈依佛教之后,成为仁慈爱民的君王,因为他觉悟到,以武力统治国家,只能服人之口,唯有以佛法真理度化世间,才能服人之心。因此在他治理国政期间,每五年要派一批大臣到全国各地,考察佛法传播的情况,并且在街衢要道设立许多石柱,上面刻着佛教的经文,他认为佛法愈弘扬,国家就愈兴盛。

从以上的事例,可以看到佛教和政治有着不可分割的密切接触,佛教在兴国安邦上,一直扮演重要的角色。

三、佛陀对仁王政治的看法

佛陀认为一个国家不可扩张武力去侵略他国,但是为了维护本国人民自由、平等、快乐、幸福,必要的施政是可行的。佛陀心目中的理想政治是转轮圣王的仁王之治,在《仁王护国般若波罗蜜多经》中,佛陀为国王们提出许多如何为仁君圣王的治国之道,如频婆娑罗王、波斯匿王、阿阇世王等,经常向佛陀请教治理国家的方法,佛陀都善巧地给予指引,譬如《中阿含雨势经》中记载佛陀对政治的看法。

有一天,阿阇世王要发兵攻打跋耆国,特地派遣雨势大臣向佛陀请教战略。佛陀早已知道雨势大臣的来意,故意对站在身后拂扇的阿难尊者开示跋耆国所以富强的治国七法:

第一、数相集会,讲议正事。

第二、君臣和顺,上下相敬。

第三、奉法晓纪,不违礼度。

第四、孝事父母,顺敬师长。

第五、恭于宗庙,致敬鬼神。

第六、闺门真正,言不及邪。

第七、宗事沙门,敬持戒者。

佛陀主张以议会制度,来推行民主法治,决定全民的利益。今日国家各院会等也经常召开会议,而2 600多年前,佛陀早已灼灼有先见之明了。

佛陀说完治国七法之后,更进一步说明作为一个国王应该具备两种五可爱法,才能获得百姓的爱戴。

第一种:(1)人所爱敬。(2)自在增上。(3)能摧冤敌。(4)善摄养身。(5)能修善事。

第二种:(1)恩养苍生。(2)英勇具足。(3)善权方便。(4)正受境界。(5)勤修善法。

雨势大臣听了之后,虔诚顶礼佛陀说:"佛陀,弟子已经明了跋耆国施行仁政,是无法攻破的,我会如实向国王复命。"

佛陀的权巧智慧,化除了一场血腥的战争,佛陀的政治观也由此表露端倪,后来这些国王都成为佛教的护法长城。

关于佛陀对如何成为转轮圣王的看法,散见于经典各处,综合其大要可成七点:

1. 转轮圣王应该身先表率立法、具法、依法、敬法,一切以法为首,并且努力守护正法不坏。

2. 转轮圣王应该以法来教化人民,一切动物要依法加以保护,免遭杀害。

3. 转轮圣王应该时时向德慧兼备的学者、专家、沙门等,咨询国家大事,宜行则行,宜舍则舍。

4. 转轮圣王应该矜恤孤寡,照顾天下贫困无依的众生。

5. 转轮圣王对于国家传统旧有法令,应该权量制宜,不可轻易更改毁弃。

6. 转轮圣王应该以十善来治理国家,让社会道德纯善,风气敦厚。

7. 转轮圣王应该重视经济生产,让人民丰衣足食,生活没有匮乏。

佛陀认为,世界如果能施行转轮圣王的仁政,这个世间将成为无争富足的清净国土,若能如此,大同世界的实现就在眼前了。

作为国家的最高领袖,应该具备慈悲、能力、公正、守法等条件,那么作为一个执行政令的官员,又应该具备什么内涵,才能行法不悖,确实达成沟通上下的职责呢?

佛陀在《增一阿含·细禁品》中,曾举出如何做一个好公务员的办法:

1. 不贪污,金钱清楚:金钱容易使人性腐朽堕落,公务员最忌讳贪污受贿。为公家服务,要紧的是清廉、不贪污,贪污是污染自己的名誉、人格。金钱上与人往来要清楚,丝毫不苟,公私分明,不可贪图不当的金钱往来。

2. 不暴怒,性情平和:在公家服务,有时候因工作忙压力大,长官部属要求又多,难免心浮气躁。不过,要学习调和情绪,不随便乱发脾气。佛门里常讲:"一念瞋心起,百万障门开。"瞋恨之火能烧毁功德之林,所以不暴怒、亲切平和是服务的根本。

3. 不诳过,尽心负责:当老百姓来请托事情的时候,有些公务员不但不尽心去承办,反而推诿责任,不是踢皮球、打太极拳,就是打官腔。一个好的公务员,要自己担当责任,应该是苦的、酸的我吃,甜的、香的别人尝,你有力量担当责任,对自己的前途是有帮助的。

4. 不怪僻,群处和睦:做人不可怪僻,要合群、随缘、随喜、随众,要和睦第一。有些人特立孤行,大众已决定的事情,偏偏不合作,故意唱反调,破坏整体,应该捐弃个人偏见,敬业乐群,以群众为家,不要成为人人讨厌的乌鸦。

5. 不悭吝,慈悲喜舍:公务员不要吝啬给人欢喜、给人帮忙、给人方便,所谓慈悲喜舍,就是给人多一点慈悲,多一点关心,多一点友爱,多一点喜舍,随时随地给人最周到的服务,最亲切的笑容,即使是简短的招呼问好,都能带给对方无比的振奋与欢喜,微笑永远是世间最美丽的装饰。

6. 不犯法,守法重纪:公务员是实际执行国家政令的人,应该以身作则、知法重法、守法行法,丝毫不可违犯,维护公权力于不堕,为国家社会树立良好的形象,不可知法犯法、执法玩法,误己误国、危害社会。

7. 不折磨人,认真服务:人生本来应以服务为目的,助人为快乐之本,但是有些公务员却以刁难为能事,以折磨人为快乐之本。我们应给人方便,因为给人方便就是给自己方便,所谓"公事门中好修行",希望我们是个便民利民的社会,而不是扰民劳民的社会。

8. 不重税,持法公正:古人说:"苛税猛于虎。"公务员不可以苛加重税,剥削民脂民膏,搞得民不聊生。老百姓富有,是国家社会的幸福,唯有人民愈有钱,国家才会愈富有。

9. 不嗜酒，端正身心：酒能迷乱我们的智慧，失去理性而侵犯别人。社会有一种风气，男人如果不会喝酒就不是英雄好汉，女孩子也不甘示弱学起喝酒，认为不喝酒就不够时髦。许多的坏事就在烂醉如泥下发生，许多的悲剧也在酩酊醉意时铸成，因此佛教在根本五戒中，揭示了不饮酒戒，因为饮了酒，一切的杀、盗、淫、妄都可能会触犯。

佛经上记载：有一个人独自喝着酒，没有美味的下酒菜，突然看到门口有一只肥胖的母鸡，不问主人是谁，便偷来宰杀下酒，犯了盗戒、杀戒。正吃得酒酣耳热的时候，母鸡的女主人找上了门来："你看到我家的鸡了吗？"

"没有哇！"犯了妄语戒。

醉眼迷蒙中，看到女主人姿色不错，起了淫念，侵犯了对方，杀、盗、淫、妄、酒五戒统统违犯了。

喝酒之人语无伦次，丑态百出，而劝酒的人，强迫别人干完一杯、再干一杯，好像非得不醉不归，看似豪情万丈，其实是害人害己。

10. 不好色，净洁家门：吴三桂为了李闯王抢走了心爱的宠妾陈圆圆，"冲冠一怒为红颜"，引清兵入关，虽然杀死了李自成，美人重投怀抱，但是吴三桂也因此变成民族的罪人，留下千秋万世的骂名，色之误国害民，可谓深远巨大。

11. 不自私，去私从公：公务人员不可以结党营私，自私自利，凡事要本着合法、合情、合理的原则，秉公处理，但求心安理得，无愧于心。成功不必在我，一切利益荣耀归于大众。

12. 不过劳，保其健康：公务人员应该保持适当的休闲，不可过分操劳,工作一段时间应该安排休假,从休假中调整自己的身心、情绪。有些国家政府已制订完善的休假制度,以确保公务员休息,保持充沛的体力精神,拥有强壮的身体,为国家、社会、家庭、大众做更多的事,走更远的路。

四、佛教徒对当今政治的态度

佛教徒对于政治,究竟应该采取积极的参与态度,还是消极的观望姿态呢?太虚大师"问政不干治"的看法是最客观中肯,最具智慧见解。大师认为佛教徒应该积极关心国家大事,而不热衷追求实际的权力运作。晋道安大师曾说:"不依国主则法事难立。"佛教和政治都是众人之事,彼此息息相关,脱离不了关系,证诸历史,佛教愈弘扬的时代,国运就愈昌隆;同理,国家富强、政治清明,佛教也才能兴盛。

从佛门早晚课诵的内容,可以看出佛教对国家前途的关心,如每月初一、十五必诵的《宝鼎赞》:"端为世界祈和平,地久天长……"早课经文:"国基巩固,治道遐昌……"长芦禅师的"国界安宁兵革销,风调雨顺民安乐"等等,都是佛弟子对国势兴荣绵长的虔诚祝祷。

日本的临济宗祖师荣西禅师留学大唐,回国之后,曾撰著《兴禅护国论》三卷,主张建设三禅院以护卫国家,利于众生。历代的高僧大德虽然不像帝王将相直接掌政,但是爱护国家的心和一般人是相同的。

出家人虽然出家了,但是并不意味出国,并没有远离自己的国家邦梓,爱国不分自我他人、方内方外;为政不必高官厚位、权力在握,爱国没有错误,没有国家民族观念才是罪过。

佛教不但有和谐政治的功能,并可帮助政治净化人心,发挥慈悲教化的功效。例如庐山慧远大师说:"佛道济俗亦为要务,何则?百家之乡,十人持五戒,则十人淳谨;千室之邑,百人修十善,则百人和睦;传此风教,以周寰区,编户亿千,则仁人百万。夫能行一善,则去一恶;一恶既去,则息一刑;一刑息于家,则万刑息于国,此所谓坐致太平者是也。"如果社会大众人人能够受持五戒,那么我们的国家必定是一个淳朴谦让、重德祥和的净土。

梁启超说:"佛教之因果,使上智下愚皆不能不信也。"如果人人能树立正确的因果观念,我们的社会就不再是尔虞我诈,巧取豪夺的社会;如果人人能怀抱佛教的慈悲精神,这个社会就能减少暴戾杀伐之气,而安和乐利;如果人人都能有佛教"诸法无我"的体认,这个社会将是个我为人人,人人为我的大同世界。

佛教本身具有教化的功能,对社会病态有着正面的影响,这份力量能带给社会国家一股无形的内在稳定力量。佛教对国家政治能有什么帮助呢?

第一、化导边远。

第二、消除怨恨。

第三、知足无贪。

第四、感化顽强。

有时候政治力量达不到的地方,佛教可以弥补不足,发挥它的功效。佛教的慈悲无远弗届,能够将蛮横未开的边疆,教化成开朗有礼的中土;佛教的忍辱无坚不摧,能够将世代的仇衅消弭于无形;佛教的感恩无愿不遂,能够填补欲望的沟壑;佛教的智慧无事不成，能够感化顽强为驯良。

佛教理想中的国家政治应该具备以下四点：

（一）民主道德的政治

佛教追求的是身心的绝对解脱自由，每一个人都能脱离一切的束缚，做自己的主人。因此独裁专制的政治是佛教所呵斥的，佛教认为民主国家的实现，以道德为前提，才是国家政治的最终目的。

（二）祥和互敬的社会

佛教认为社会大众应该培养随喜赞叹，包容异己的气度，从平等法性之中体认诸法千差万别的实相，彼此互尊互重，互不侵犯，去除同归于尽、排斥他者的心理，共同创造祥和开明的社会。

（三）取舍合理的经济

僧团注重利和同均的经济生活，希望我们的国家没有经济的垄断、贫富的悬殊、劳资的对立等社会问题，人人得其所应得，建设民有、民享、均足的社会。

（四）乐观勤奋的生活

勤奋精进，乐观进取，事情才能有成，时时不忘耕耘，自然能有收获。好逸惰怠是成功的最大敌人，今日我们社会的经济奇迹，就是靠全体人民的勤勉工作才有以致之，唯有持着精进的耕耘，在乐观的田园上，撒下希望的种子，才能收获菩提的果实。

佛教与政治既然有如此密切的关系，彼此之间究竟有何主从、异同的妙趣？以下举出十二点，作为比较说明：

1. 政治是管理众人，维护社会的团体；
   佛教是教化众生，净化社会的力量。
2. 政治希望人人能够安和乐利地生活；
   佛教要求人人能够慈悲喜舍地做人。
3. 政治是怒目金刚，要人人守分守法；
   佛教是菩萨低眉，要人人自律观照。
4. 政治是护法降魔，保卫国家；
   佛教是护生救苦，拥护国家。
5. 政治重视才干机变，以力服人；
   佛教重视戒律因果，以德服人。
6. 政治是权法，因时、因地、因人而制宜；
   佛教是实法，因教、因法、因理而肯定。
7. 政治是曲线的，曲而求远，人人平等；
   佛教是直线的，直指人心，见性成佛。
8. 政治重视实效通行，即日成办；
   佛教重视远益利济，普度未来。
9. 政治的大同世界，是理想目标；
   佛教的净土极乐，是如愿往生。
10. 政治以财力、军力治理国家；
    佛教以德力、法力辅助国家。
11. 政治从外做起，要求人民修身守法；
    佛教从内做起，要求人民修心守道。

12. 政治要求人人奉行三纲五常、四维八德，以齐家治国；

　　佛教要求人人实践皈依三宝、五戒六度，以自度度人。

今日佛教徒为弘法利生，对政治不应抱持消极回避的态度，相反的，应该更加地积极关心，直下承担。社会也需要广大的佛教徒投入政治行列，以佛教的高超教理来净化人心，改善风气，为社会提供心理建设和精神武装。

1984年7月讲于台北"国父纪念馆"

佛教的忠孝观

把忠孝的精神发扬起来,我们的社会将会更有秩序,
我们的家庭将会更为美满;
我们的国家是个人人忠贞的国家,
我们的社会是个人人孝悌的社会。

每一个人都希望听到别人赞美他是忠臣、孝子,甚至是忠孝双全、举世景仰的人物。中国数千年来的历史文化,无非是教导人们如何尽忠尽孝,倘若家中出现一位忠臣或孝子,全乡里的人都会感觉到无比的光彩。但是随着时代的变迁和社会价值取向的更易,古代的忠孝观念,是否应该一成不变地保持下去?什么是忠、孝的真正意义?在现今这个变化莫测的时代,对于忠孝的观念,应该有什么崭新的诠释与发扬?以下从佛教的观点重新对忠孝作一番考察。

一、世间忠孝的意义

在过去的时代,要做一位忠臣很困难,因为忠臣对君王要绝对地服从尽忠,毫无条件地奉献牺牲,所谓"君要臣亡,臣不亡不忠;父要子死,子不死不孝"。甚至陷君亲于不义不仁的愚忠愚孝,都

不能违抗。

孙中山先生在民族主义中提到,这个时代并不需要我们尽忠于君主,但是要尽忠于国家,尽忠于民族,尽全力去维护国家的利益所在和全民的幸福所系,而不是对于特定个人的尽忠。那么,我们应该向什么对象竭尽我们的忠诚呢?我们要忠于国家,所谓"覆巢之下无完卵",国家灭亡了,个人也就岌岌可危。我们要忠于爱情,忠于夫妻之间生命相托,至死不渝的感情;忠于朋友之间诚信不欺,肝胆相照的道义;忠于责任,忠于自己对社会、对家庭、对工作、对承诺、对自己的责任;忠于良心、忠于人格。良心人格是对于道德价值不妥协的一份爱护;忠于信仰,信仰是对于真理信念不转移的一种追求。我们须要尽忠的对象实在太多了。

"忠"的含意是什么?以下分为几点说明:

1. 专注的意思:譬如忠于国家、忠于感情、忠于朋友、忠于信仰,是表示把精神和心意专注于此,完完全全地投入关怀,甚至献出整个生命。

2. 不二的意思:譬如忠于夫妻感情,是表示珍惜这份休戚与共的情谊,不再见异思迁,移情别恋。良禽择木而栖,忠臣择君而仕,忠于领袖,既已认定一位贤明的领导者,就不再贪恋荣华,背弃他去。

3. 完成的意思:为了忠于国家、忠于朋友,乃至忠于信仰,必须去巩固彼此之间的关系,尽到应有的责任,平时固然要喜乐同享,休戚与共,临到最后抉择关头,更要死生不渝,绝不背信,如"疾风知劲草,板荡识忠臣"一样。

4. 圆满的意思:既然能够专注不二,不计成败地去竭尽自己的忠诚,完成自己的责任,当下即已圆满忠贞之行,实践的本身即是成就。

由此可以了解忠的含意,不仅是狭义地尽忠某一个人,或对某种特定对象的恭敬崇拜,更是广义地对大众的服务奉献。在家庭里,要忠于妻子儿女,忠于为人夫,或者为人妇的一份职责。在社会上,要忠于团体,忠于公司,忠于主管上司,恪尽为人部僚的一份责任;与人相处,要忠于道义良心;追求理想,要忠于自己的原则立场。在生活里,忠的美德和我们的关系非常密切,忠的懿行对我们人格成长的影响至深且巨。内心忠诚的人,往往是指路的明灯,光照八方。

在"青年守则"中,开头第一条标示:"忠勇为爱国之本",第二条揭橥:"孝顺为齐家之本"。忠诚对我们固然重要,孝顺也不容忽视。孝顺是中国的传统美德,不过,一般人以为只要对自己的父母恪尽奉养,就是孝顺。事实上,禽鸟牲畜尚知反哺,人类奉养父母只是孝顺最基本的一环。除了对父母尽孝,更要扩而充之,对宗族尽孝,功成名就,才能光宗耀祖,门庭增辉,使祖先不致蒙羞,甚至进一步扩大孝道的范围,对整个民族尽孝,对一切众生尽孝。

《礼记·祭义》记载:"曾子曰:'树木以时伐焉,禽兽以时杀焉'。夫子曰:'断一树、杀一兽不以其时,非孝也'……"孔子将孝道的层次提升到动物、植物,乃至对一切众生的爱心,这种无私广被的慈悲仁爱,就是孝顺。孔子能将孝顺诠释得如此圆融,无怪乎日后其门生曾子也成为孔子门中弘扬孝经的传人。

"孝"的意义是什么?所谓"孝",是曾子所说爱心的表现,是对国家、亲人一种至真感情的流露,是人我之间应有的一份责任,是人伦之际的一种密切关系。在千百年颠沛流离、迷惘失措的时空里，孝维持了长幼有序，父母、子女世代相承的美德；孝是对生命的挚诚感谢，更是无悔无怨的回馈报恩。如果说忠是与国、与民、与己的关系，那么孝就是与亲、与人、与生的关系。

中国文化主张三纲五常，而人生的重心主要在孝道的阐明，以孝顺为中心，扩而充之，对国家的孝顺就是忠，对兄弟的孝顺就是悌，对朋友的孝顺就是义，乃至对众生的孝顺就是仁，如同一雨霖润百卉，在柳树就生烟，在桂树就开香花，在荷塘就成水苗，在芝草就成新芽，在不同的草木花枝上成就不同的胚苗苞蕾。

孝道的思想，几千年来深深影响着中国社会，从历代典籍掌故的记载，可以明了中国对孝道的重视。过去为了表扬孝行，有所谓二十四孝的典范，动物里的"羔羊跪乳"、"乌鸦反哺"，也时常被取用为教育教材。

"羔羊跪乳"在提醒现代人返本知源，一来不要忘记父母从前哺育培养的恩泽，今日一切成就，皆由从前哺育而来，滴水之恩，当涌泉相报；二来唤醒现代人爱亲尊亲的良知，不要因今日的腾达显赫，博学尊贵，就将父母看成卑贱无知的人。子女爱亲，当如羔羊跪乳，有极谦恭和睦的心态，在父母面前，子女要极低极低，低到尘埃地面，让父母顺心适意，弥补他们为养育子女而牺牲奉献的生命时光，抚慰他们为子女承受的辛劳伤痛。

孝亲之道，除了尽本分如羔羊跪乳之外，更应该积极学习"乌鸦反哺"，常怀亲恩，亟思还报，才不失为人子之道。所以提倡孝道，应积极孝养父母，解决老年的孤苦，甚至解决所有老人的问题，这才是真正的大孝。

过去五代同堂的社会,老人是宝贵的智慧财产,随着时代的变迁,家庭结构的改变,同堂的古风逐渐消失,父母子女之间形成了代沟,甚至悖逆不孝,不知孝敬父母。佛教有一首诗,道尽了天下父母的慈心,这首诗说:

记得当初我养儿,我儿今又养孙儿;

我儿饿我由他饿,莫教孙儿饿我儿。

这首诗明白易解,意思是说当初我含辛茹苦将儿女抚养长大,曾几何时,我的儿女今日也成为别人的父母,同样在抚儿育女了。我的儿女不肖不知奉养我,让我忍饥挨饿,我都能甘之如饴;但是千万别让我的孙儿也忤逆父母,让我的儿女遭受饥饿,那将会多么令我伤心呀。真是天下父母心!为人子女者不可不深思切记。

另外,孟子提到世俗称为不孝的事共有五种:

1. 荒怠游戏,不知勤奋上进,奉养父母,使父母衣食匮乏,是第一不孝。

2. 嗜好赌博,贪爱杯中之物,只图自己逸乐,置父母温饱于不顾,是第二不孝。

3. 只知爱护妻子儿女,积聚自己的财富,却把父母冷落一旁,无关怀请安之情,不能恪尽孝道,是第三不孝。

4. 放纵耳目声色的娱乐,沉溺欲望,让父母悬念操心,是第四不孝。

5. 好勇斗狠,爱惹是生非,让父母担惊受怕,使家门不幸,是第五不孝。

羔羊尚能跪乳,乌鸦更知报恩,人若不知孝顺父母,进而孝顺国家乃至一切众生,就失去为人的尊贵了。

二、佛教忠孝观的理论根据

有人认为佛教出家遁世,逃避世间,对于忠孝之道无法恪尽本分。其实佛教和儒家一样,非常重视人伦关系、道德纲常,尤其注重忠孝的实践。在许多经典中,皆有佛陀针对忠孝问题,谆谆告诫弟子如何奉行的记载。譬如在《杂宝藏经》中,佛陀提出十种譬喻,来说明人民应该如何尽忠仁王国君,并且进一步告诉执政的人主,应该如何爱护他的子民。佛陀认为理想的忠孝之道,应该是君仁臣敬,彼此互爱的融和关系,而不是上暴下惧、交互争利的各怀鬼胎。

我们为什么效忠国王呢?以下列出十种譬喻,可以了解有德的仁王对人民的重要性:

1. 国王如桥:仁王好比一座桥梁,为万民所乘渡,将百姓由贫穷渡至富贵,从困苦渡至快乐,从落伍渡至进步,从烦恼的此岸渡至解脱的彼岸,从忧患的今日渡至美好的明天。

2. 国王如秤:国王好比秤锤一样,无私地称出东西的斤两重量,明智的君主亲疏平等,知人善任,依臣民的才能,给予平等的表现机会,不分阶级差别,给予充分的发挥因缘。

3. 国王如日:太阳普照大地,给万物无限的生机;英明的国王也如同太阳,将慈爱的光辉照耀世间,百姓能够蒙受照拂,安居乐业。

4. 国王如月:国王施行仁政,如同月亮一样,能够施给众生清凉,安然自在,适得其所。

5. 国王如天:天覆盖一切,给万物以庇荫;国王如天,能作万民的依怙。

6. 国王如地：大地载运万物，成长万物；国王如同大地，能够化育众生，养成百姓。

7. 国王如父：国王如同父亲，能够护卫百姓免于危难；仁君如同父亲，能够教化百姓臻于至善。

8. 国王如母：母有悲德，怜爱子女；王有慈恩，普济臣民，自然使百姓衣食无缺，生活和乐。

9. 国王如火：火具有祛寒成熟的功能，能将败坏邪恶烧毁，并成熟食物；国王如熊熊烈火，励行法令，去除国中恶贼，使众生智慧成熟。

10. 国王如水：国王如甘露法水，能够滋润群黎百姓，纾解他们的热恼饥渴，为民间遍洒清凉风雨。

一国之君既具备如此的仁德懿行，为人臣民自然会竭诚尽忠；同理，君王、官员对于黎民百姓也应该尽忠，为对方谋幸福。提到尽忠的规则，一般人总面露难色，因为尽忠是要为对方乃至国家，作个人的牺牲奉献，很难竭诚去实践。其实尽忠非常平等，是人我之间彼此互敬的关系。国君、官员应该如何对他们的部下僚属尽忠呢？《大萨遮尼乾子所说经》上提出了八点：

1. 视民众如亲人：对待一切百姓，要把他们看成是自己的手足至亲，人我一如，不起分别，休戚与共，生死相关。

2. 视恶人如病子：对待愚顽恶劣的众生，要把他们当作生了重病的孩子，不嫌弃而包容他，不厌恶而悲悯他，导其向善，重获新生。

3. 对贫苦起慈心：对贫病孤苦的众生，要生起人溺己溺、人饥己饥的慈悲心,帮助他、济度他,以财施助他离困苦,以法施度他登乐城。

4. 对富乐生欢喜:对于富有发财的人要生随喜之心,不嫉妒、不障碍。一般人的毛病,总是见不得别人得意成功,看到他人飞黄腾达,不但心生妒忌,并且极尽破坏诽谤之能事。一个君王官员不应计较人民有钱,民富才能国强,老百姓愈有钱,表示国力愈雄厚。

5. 遇政敌常相和:在政治上与我不同立场、不同见解的政敌,尽管常常与我较量争执,但是更要有容纳异己存在的雅量,包容对方,彼此和睦相处。

6. 遇朋友不相弃:功成名就,声闻显赫,对于昔日故交旧友,尤其是穷苦患难朋友,绝不轻言背弃,要珍惜彼此情谊。

7. 对五欲不贪着:对于财色名食睡等五欲,不起贪爱之心,须能淡泊明志,超然物外。

8. 对自身无我想:古人说为人君主者,应以老百姓的幸福为首要,国家社稷次之,君王的享乐更为次要。为官者要培养无我的观念,只求百姓能安居乐业,不求自己的舒适安逸。岳飞曾说过:"文官不爱钱,武官不惜死。不患天下不太平!"

在上位者如果具备以上八个条件,就是个爱民敬民,对老百姓尽忠尽孝的好君王。

经典中有关忠贞之道的记载繁多,至于孝亲之行的著述更是不胜枚举。如有名的《地藏经》《盂兰盆经》《父母恩重难报经》等,就是阐扬孝道的经典,其他三藏十二部之中,也经常可看到佛教的孝亲思想。譬如《大乘本生心地观经·报恩品》说:

慈父悲母长养恩,一切男女皆安乐;

> 慈父恩高如山王,慈母恩深如大海;
> 若我住世于一劫,说悲母恩不能尽。
> 世间大地称为重,悲母恩重过于彼;
> 世间须弥称为高,悲母恩高过于彼。

天下至高莫过于须弥山,天下至深莫过于四大海,父母养育之恩昊天罔极,世间难比,为人子女累劫累世甘旨奉养,曲意承欢,乃至割肉刺血,肝脑涂地,也难以报答哺乳鞠养之恩。因此佛经上又说:

> 若有男子及女人,为报母恩行孝养,
> 割肉刺血常供给,如是数盈于一劫,
> 种种勤修于孝道,犹未能报暂时恩。

由经文的记载,可以明白父母慈恩的伟大深远,子女的区区寸草孝行,怎么报答得了父母的春晖之爱。

从佛陀的教诲中,不难看出佛教对于孝道的重视,佛陀不仅教育弟子们要孝顺当世父母,更要孝顺七世父母,乃至一切众生父母,佛陀本身多生多世更是孝道的实践者。《涅槃经》说释迦牟尼佛之所以能够修得三十二相、八十种好的金刚之身,是因为他于无量阿僧祇劫之中,恭敬三宝,孝养父母,今世才能感得如此殊胜的果报。《大乘本生心地观经·报恩品》说:

> 若有男女依母教,承顺颜色不相违,
> 一切灾难尽消除,诸天拥护常安乐。

孝顺父母,不仅今世可以免除灾难,为天人所护念爱敬,更可为来生种下圆满佛道的因缘,怎么能不欣喜去力行实践呢?更何况孝亲敬亲,本来就是基本的人伦之道,人道若有亏损,妄想佛道有成,这是痴人说梦,愚昧颠倒!

三、怎样尽忠尽孝

了解忠孝的重要性,更要实际去履行完成忠孝之行。谈到尽忠,并非要我们捐弃生命,作无谓的牺牲,只要每个人站在个人的岗位,将分内的工作做好,尽到本分应尽的责任,即是尽忠。譬如家庭主妇把家里整理得窗明几净,有条不紊,如乐园净土般,就是对家庭尽忠;社会的每一分子努力工作,不偷懒,不取巧,就是对社会国家尽忠;身为佛教徒、出家人,也应对国家社会尽忠尽孝。

佛弟子怎么对国家社会尽忠尽孝呢?佛弟子以佛法来净化人心,改善社会风气,使民风敦厚,就是对国家民族尽忠。佛教寺院的设立,使每一个民众在心灵上点燃一盏明亮的灯火,祛除黑暗的愚痴无明,重现智慧光明,给予心理建设,给予精神武装,这就是佛教对社会大众尽忠。佛弟子实践佛陀的教示,以慈悲来化导边远,以忍辱来消除怨敌,以智慧来教育顽强,回心向道,这就是佛教对一切众生的尽忠。

佛教徒虽然参政不干治,不直接参与政治的活动,但是佛教徒对国家民族的拥戴忠诚是真挚可鉴的,每个月的初一、十五朔望之日,佛弟子们在早晚课诵的仪式里,都会唱诵《宝鼎赞》,为国家的千秋万世、人民的幸福平安虔诚祝祷。

佛教长久以来对于国家公益事业,总是默默而热心地护持支持,但是佛教却从未接受过政府实质上的补助。自古以来,佛教如何对国家社会尽忠,要而言之,可归纳成下列十点:

第一、帮助生产。

第二、开发交通。

第三、保护生态。

第四、利济行旅。

第五、文化建设。

第六、安住军民。

第七、兴办教育。

第八、医疗救济。

第九、财务运转。

第十、科技文学。

此外，在文学方面，举凡小说、戏剧、音乐、汉语字母等，都受到佛教巨大的影响，譬如《西游记》、《红楼梦》、《老残游记》等，这些不朽的古典名作，都充满浓厚的佛教思想，甚至现在的拳术、剑术、花道、茶道，也都寓含佛教的精神。佛法丰富了文学的生命内容，也提升了文化生活的层次。

佛教从以上十方面来对国家社会尽忠，那么佛教又如何对父母众生尽孝呢？佛教认为孝可分为三种层次：一般的甘旨奉养父母，使父母免于饥寒，只是小孝；功成名就光宗耀祖，使父母光彩愉悦，是为中孝；引导父母趋向正信，远离烦恼恶道，了生脱死，使宗亲得度，永断三途辗转之苦，才是上上大孝。

佛教认为恪尽孝道，应该注意下面三点：

（一）孝必须是长期的，而不是一时的

孝顺父母应该长期不断、源源不绝地奉养无缺，而非凭一时情绪的喜恶，偶尔给予饮食供养。父母以毕生岁月为我们献出一切，

我们也应该同等付出回报,纵使不能终身膝下承欢,也应该长期侍奉汤药。

(二) 孝必须有实质的,而不是表面的

孝顺父母要实际上解决父母的需要,衣食住行无所匮乏,生老病痛有所倚靠,百年丧葬无有后虑。给予父母心理上的慰藉,精神上的和乐,而不是沽名钓誉,表面功夫,做给世人观看的样板故事。

(三) 孝顺必须能全面的,而不是局部的

孝顺应该从自己的亲人做起,老吾老以及人之老,幼吾幼以及人之幼,渐而扩充至社会大众,乃至一切无量无尽的众生。不仅要孝顺自己的父母,更要泽被广大的众生父母,全心全力解决一切有情的烦恼,才是佛教理想中的至孝。

《佛说末罗王经》云:"或从地积珍宝,上至二十八天,悉以施人,不如供养父母。"以充满天地,乃至二十八天,那么众多的珍宝奇玩来施舍他人,其中的功德都不如供养父母箪瓢之食的功德来得大,供养父母功德之殊胜,由此可以明了。从佛经上对孝道的赞颂、强调,可以确定佛教对孝道思想的重视。只是佛教的孝顺观有别于儒家,注重在家的、世间的孝行完成,佛教主张孝道更应该是出家的、出世的普遍孝心。

《梵网经》云:"孝名为戒,亦名制止。"孝顺生身父母固然是孝,持戒不犯他人,以法制止身心行为,更是对有情众生的孝顺。因此孝的意义,并不限于对今生今世父母的孝顺。当然爱由亲始,对于父母的孝顺是人子最基本的伦常纲纪。

《大集经》云:"世若无佛,善事父母,即是事佛。"生逢诸佛涅槃的末法时代,要将父母当作佛陀一般来侍奉尊重,因为父母的生养,我们才能保有人身,才能去追求佛陀所诲谕的慧命,而人身具足,慧命成就,也才能圆满菩提,证得佛道。

四、佛教对忠孝的贡献

佛教对于忠孝有什么贡献?佛弟子对尽忠尽孝的伦常有什么具体的成就?抗日战争期间,太虚大师为了疏通滇缅铁路,使抗战的资源能够借由这条铁路源源而来,他不惧危险,领导佛教访问团到缅甸、泰国等国家访问,赢得国际友邦的支持,解除了困局,这就是对国家尽忠。乐观老法师在抗战期间曾号召出家人,组成僧侣救护队,出入枪林弹雨之中,为受伤的军民疗伤服务,这也是出家人为国尽忠的表现。

不只是近代的佛弟子为了救护国家奋不顾身,古代的沙门释子为了国家的安危也不落人后。宋朝遭遇靖康之难,徽、钦二帝被掳,康王在江南即位,礼聘法道禅师参与军机大事,筹募军粮,对于日后南宋江山的保安稳定,有举足轻重的贡献。唐代安禄山之乱,经济凋敝,幸赖出家人贩卖度牒来资助军需,才得以平定叛军,这是佛教在灾难乱世对国家的效忠事迹。

佛光山大智殿设有宗仰上人纪念堂,是为了纪念栖霞法脉的一代高僧宗仰上人。宗仰上人曾经加入孙中山先生所领导的同盟会,捐助很多的资金,帮助完成革命,当初他与孙中山先生往来的书信,都被妥善地保存至今。

除了历代高僧大德对国家竭尽忠诚,已经成就佛道的释迦牟尼佛,忧国忧民的悲怀更甚于一般人。佛世时,琉璃王举兵侵略佛陀的祖国迦毗罗卫国,佛陀的堂兄弟摩诃男,为了拯救无辜的百姓,请求敌军将自己沉入海中,等到自己再度浮出水面的这段短暂时间,让迦毗罗卫国的百姓逃命,琉璃王答应了他。但是摩诃男潜进水中,久久都不见浮出水面,琉璃王赶快派人潜入水中查看,原来摩诃男将自己的头发绑在海里的大石上,永远不再浮上来了。摩诃男为了国家民族壮烈地牺牲自己,拯救了许多释迦族人的性命。

琉璃王为了报复与释迦族的宿仇,几度出兵攻打迦毗罗卫国,佛陀为了保卫祖国,烈日之下,坐在大军经过的大道上,挡住琉璃王军队的过路。按照印度当时的规矩,军队遇到出家人是不可昂然经过,甚至挑衅打仗,何况坐在那儿的是世上至尊的佛陀。琉璃王不得已,只好带领军队绕道而行,但是无论走到哪一条路,都碰到佛陀端坐在路中央。琉璃王无奈,只好上前向佛陀问讯说:"佛陀,太阳这么炽烈,您不要坐在路中间受煎烤,路旁有树,您可以坐在那儿享受清凉呀!"

佛陀悲悯无限地说:"亲族之荫,胜于余荫。国家亲族好比我的树荫,现在我的国家正遭受战争侵略,我的族人面临灭绝的危机,没有了国家亲族,我坐在树下享受那短暂虚幻的荫凉,又如何能止息我内心断失骨肉手足的哀痛呢?"

琉璃王三次进兵,三次都被佛陀的慈悲所阻挡,可知佛陀和一般人一样的爱国。因此,出家人虽然出家,却没有出国。不论是在家,或者出家的佛弟子,国家是保护者,是根本,皮之不存,毛将焉附?没有了国家的庇荫,我们将依赖什么生存?因此护国护民,是我们缁素大众每一个人不可逃避的责任。

佛陀不但尽忠,也非常重视孝道。佛陀的父亲净饭王出殡时,佛陀也参加诸位王子抬棺的行列,亲自为父王抬扶棺木。佛陀为了报答母后摩耶夫人的生育之恩,特地以神通到忉利天宫为母亲说法三个月。佛陀为了感激姨母大爱道夫人的抚养恩惠,广开方便慈悲法门,允许她及五百位释迦种族的女众出家,因此,佛教才有了比丘尼的教团。佛陀为了成就目犍连尊者救母于倒悬的孝心,宣说《盂兰盆经》,为后世弟子辟出一条孝亲的法门捷径。

中国历代高僧也有不少感人的孝亲事迹:隋朝的敬脱法师一头担荷母亲,一头挑负经典,云游四海,随缘度众。南朝齐道纪法师一面躬亲侍奉母亲衣着饮食、大小便利,一面乐说佛法不倦,有人要代为照顾他的母亲,道纪法师却婉拒说:"生养我的母亲,应该由我亲自来孝顺,怎么好麻烦他人代劳呢?"他的孝行因此感化不少的道俗信众。唐朝的子邻法师由于母亲不信三宝,死堕恶道,子邻法师于是悲泣礼拜阿育王塔,终于使母亲得生忉利天宫。唐睦州陈尊宿在黄檗禅师那儿开悟,后来住在开元寺,自己织作蒲鞋,卖给过路行人,以所得薄财奉养年老的母亲,因此被称为陈蒲鞋。

出家人虽然割爱辞亲,但是出家人对于赐予人身的父母,更能感念他们的恩德,所以,出家人的孝亲反而超越一般的世人。"永怀亲恩,今生有缘今生度;本无罪性,此心能造此心消",是佛门对于出家弟子的警策诲训。

《杂宝藏经》说:"如果你希望梵天、帝释、诸佛菩萨常住家中庇佑你,只要孝顺敬养父母,诸佛圣贤就会常在左右。"过去有一个不孝的屠夫,对于老母亲动辄喝斥詈骂,使母亲终日以泪洗面。有一天，不孝屠儿听说南海普陀山的观世音菩萨很灵验，特地搭船过海去朝拜，但是走遍了前山后山，就是见不到活观音。正在失望的时候，遇到一位老和尚，说明原委，老和尚指点他说："活观音此刻已经到你家去了。"

"有这回事吗？那活观音长的什么样子？我如何知道她就是活观音呢？"屠夫半信半疑地问道。

"你只要看到反穿衣、倒踏鞋的人，那就是活观音。你赶快回去吧！"

屠夫听了，赶忙披星戴月，水路兼程，连夜赶回家去朝拜活观音。到了家门，已是三更半夜，大地寂静，他为了急着见到观世音菩萨，急促地大力敲着门扉，并且大声吼叫："开门哪！开门哪！"

熟睡中的老母亲被儿子的吼叫声惊醒了过来，心想不能怠慢，开慢了，说不定要挨上不孝逆子的一顿毒打。黑暗中，忙乱地抓起衣服随意就披上，下得床来，匆匆忙忙穿上鞋子赶来开门。门扉"呀"地应声而开，在朦胧的星光下，儿子抬头一看，一位反穿衣、倒踏鞋的妇人正站立在眼前，这不是活观音显现吗？这个屠夫赶快倒头就拜："真的是活观音！菩萨，请您慈悲开示弟子。"

"你在胡说些什么，我哪里是什么活观音？"母亲被儿子拜得莫名其妙。

"没有错，老和尚指示我，你就是那位反穿衣、倒踏鞋的活菩萨降世呀。"

母亲听了，恍然大悟，心想：原来是观世音菩萨显圣，慈悲感化我这不孝的儿子，于是福至心灵地教训跪在尘埃中磕头如捣蒜的儿子："你这个不孝子，平常不知道好好孝顺父母，要到普陀山见活菩萨,哪里有这么容易的事? 堂前双亲你不孝,远庙拜佛有何功?"

"佛在灵山莫远求,灵山只在汝心头;人人有个灵山塔,好向灵山塔下修。"所谓忠孝,都是由我们的内心所激发出来的一种感情、良知,一种爱心和美德,是维系人类关系的伦理纲常。把忠孝的精神发扬起来,我们的社会将会更有秩序,我们的家庭将会更为美满;我们的国家是个人人忠贞的国家,我们的社会是个人人孝悌的社会。

1984 年 7 月 9 日讲于北港

佛教的女性观

人人都有一位母亲,男士拥有妻子,
许多人有姐妹、女儿,
女性和我们的生命是无法割离的,
尤其女性和佛教的关系是至为密切。

自古以来,中国人和西洋人对女性的看法即有见仁见智的看法。西洋人认为女性是圣洁的灵、高超的神,女人如维纳斯,是美的象征、爱的代表,女人是安琪儿,是和平的天使;相反的,中国人心目中的女性凶恶如母老虎、妖媚如狐狸精、狠毒如蛇蝎,或者说女人是败国的祸水、坏事的晦气、丧家失命的毒瘤,甚至中国的至圣先师孔夫子也曾说过:"唯女子与小人难养也。"把女人和小人归为一类。

其实,女性和我们每一个人的关系至为密切,女性除了和妇女本身息息相关之外,每一个男士和女性也脱离不了关系,每个男士或有妻子,或有姐妹,纵然没有妻子、姐妹,每个男士都是在母亲的襁褓中长大的,没有了母亲,就没有生命的诞生,因此女性是一切生机的泉源。在佛教的七众弟子之中,也有女性的比丘尼、沙弥尼、式叉摩那、优婆夷,他们在佛教中占有相当重要的地位,对于女性的贡献,我们每一个人都应该去认识。

佛教对女性有什么持平中道的看法呢?下面分为四点说明:

一、两性关系

宇宙一切有情众生,虽然有智愚贤劣、富贵贫贱的种种差异,但是究其性别不外为男女之别而已。男女之间,虽然有许多相同之处,若细加推察,女人和男人也有其各自的特性。一般的观念里,男人所表现的是阳刚、力劲之美,虽然男性中也不乏风流倜傥、英姿翩翩的俊男,但是女人的美貌绝色、天生丽质是男人所望尘莫及的。古来多少文人墨客,以生花妙笔来描绘女人的绰约风姿而留下千古名著。以戏剧来说,古装戏里的小生角色,本来应该是非男人莫属,但是由女人来反串小生,扮相不但俊俏,举手投足也更潇洒,更能获得观众的喜爱,因此民间戏剧里的歌仔戏、黄梅调,乃至电视里的历史剧,小生一角往往由女性来扮演,主要是女人比男人更美貌。

男人遇到困难的事情,能够力排艰巨,勇往直前,表现勇者的气魄,但是女人的忍耐谦逊,能化干戈为祥和,有时也是男人所不及的。男人富有创造性、冒险性,女人的随顺、圆融,有时可弥补男人的鲁莽造次,彼此相辅相成。男人比较粗犷、豪放,女人细腻、周全,是男人成功立业的助缘。男人长于理智,女人重于感情;男人偏向刚强,女人普遍温柔。

男人和女人不仅在生理上有种种的差异,在性格发展上也有悬殊的不同。女人由于体格比较娇弱,生理障碍多,社会地位较低,因此容易信仰入道,对宗教的向心力比男人强烈。女人因为要担负养儿育女、相夫持家的工作,比男人容易苍老,也因此容易体悟世间的无常。

佛经上记载一位妇女由于独生爱子死亡了,伤心欲绝,丧失了理智,逢人便痴狂地问:"我的孩子在哪里?""怎样才能使我的孩子复活?"后来遇到佛陀,佛陀告诉她,如果能找到没有死过人的人家所种的吉祥草,便能救活她的孩子。这个妇人于是认真地挨家挨户去询问,寻找那能救活她孩子的一线生机,最后筋疲力尽,沮丧绝望地回到佛陀面前,佛陀慈祥地开示她:"世间哪有不死的人?吉祥草是不可能存在的东西。"妇女一听,终于悟到人世无常至理,放下愚痴的情爱,成为佛教的信徒。

男人在外创业,女人在内理家,体会物力维艰,相比较起来,女人比男人有布施心,懂得种植来生福报。例如佛陀住世的时代,有一位妇女毗舍佉看到出家人下雨天无法外出托钵,因此发心以汤药、粥食、衣服等八事来供养比丘、比丘尼,使他们能够不虞匮乏,安心办道。

在过去男尊女卑、重男轻女的封建社会里,对于生男育女也有很大的差别,生男称为弄璋,宝贝如玉石,不仅合家欢喜,母亲也因子而显贵起来;生女则称为弄瓦,贱如粪土,全家愁云惨雾,母亲还可能遭到七出的命运。这种看法实在有很大的偏失。

其实古来有不少的女子,无论能力、智慧各方面,不但不让须眉,其中不乏超越男人的巾帼女豪,如战国时代赵太后的贤淑,汉朝继承父兄遗志完成史书的班昭,唐朝武则天的掌理天下,宋朝与夫共抵金兵的梁红玉等,都是一时的隽秀才女;其他如英国的伊丽莎白女王、首相撒切尔夫人、以色列总理梅厄夫人、印度总理甘地夫人,也都是名闻国际的佼佼女士。她们日理万机、纵横捭阖,处事的果决明快,绝不逊于男人。我们不能因为她们是女子,就把她们看作第二等公民,而抹杀她们应有的荣耀与尊严,何况从佛教"众生皆有佛性"的思想来看,女子也是"唯我独尊"的众生。

在我们的社会里,因为男女差别,生活因此而多彩多姿,但是男女的关系如果不能和谐,也会产生许许多多的是非恩怨,甚至酿成悲惨的社会问题。佛教里有一个人人向往的世界,名为极乐世界,极乐世界顾名思义就是最为幸福、究竟常乐的世界。为什么称为极乐世界呢?因为极乐世界里没有经济的占有、衣食的缺乏,也没男女的情欲、生死的畏惧。我们娑婆世界人类种族的繁衍,是靠着家庭组织、男女结合而生儿育女;但是极乐世界没有男女的差别,更没有男女的关系,极乐世界的众生由莲华化生,是绝对清净不染污,是究竟快乐而不痛苦。

夫妻是五伦之一,也是一切社会关系的开始,在我们现今的社会,如何建立美满和谐的夫妻生活,使家家为菩提眷属,而不是冤家仇敌?如何使我们的社会有健全的男女来往,杜绝怨女旷男的问题?兹从佛法的观点,提出几项对治的药方。

首先,做丈夫的如何才能博得妻子的欢心与信任?

1. 吃饭要回家:男人在外奔波了一天,不仅晚饭要回家里吃,平常也要尽量回家吃饭,制造和家人团聚的机会,增进和乐融融的气氛。回家和妻儿吃饭,就不会涉足欢乐场所,花天酒地,家庭自然不会闹风波。

2. 身边少带钱:金钱能够成就大事业,也能毁灭好前程。丈夫身边没有很多钱,就无法打牌聚赌、金屋藏娇,一切偷鸡摸狗的坏事自然不可能发生。

3. 出门说去处：有些太太抱怨先生一出门，就如同迷失于大海一样，不知去向行踪。如果夫妻到了去来互不闻问关怀的地步，表示他们的家庭生活已经亮起了红灯。

4. 应酬成双对：有许多先生以事业需要交际、应酬为借口，瞒着妻子在外面胡作非为，最后家庭变故、感情破裂。如果真的需要应酬，应该带着妻子出双入对一同参加，既可培养夫妻对家庭的共识，也让妻子参与先生的事业，做好一个贤内助，并且可以免除不必要的家庭纠纷。

如何做人家的妻子？以下也提出四个方法：

1. 温柔慰辛劳：先生在外面辛苦忙碌了一天，尝尽了酸甜苦辣，看透了世态炎凉，受够了委屈排挤，回到家来，为人妻子的应给予温柔慰问，帮忙他从困境中走出来，协助他从沮丧中站起来，而不是一进门就不停地数落，让丈夫抬不起头来。女人不能只用美貌来赢取男人的欢心，唯有以甜美的爱语、体贴的关怀，才能获得男人永久的感情。

2. 饮食有妙味：有人说要控制男人，先要控制他的肠胃。丈夫好不容易回家吃饭，如果妻子准备的饭菜老是清一色，无法合乎他的胃口，当然他会借口在外不回。如果饮食有妙味，餐餐色香味俱佳，他在外面饮食不习惯，自然就会按时知归，何况良好的饮食是维护丈夫健康的要方。

3. 家庭是乐园：现在社会推行美化人生运动，美化人生不仅要美化容貌、美化身体、美化环境，更要美化我们的语言、心灵、家庭。因此，做妻子的，应该美化自己，每日云鬓光鲜；美化家庭，时时洁净整齐,使丈夫欢喜回到快乐的家园,卸下他一日的疲惫辛劳。

4. 凡事应报告:夫妻是一体的同林鸟,关系最为亲密,彼此应该互相信赖、谅解,凡事应该坦诚相告、商议,没有一丝隐瞒,家庭生活自然幸福美满。

男人和女人是构成社会的两大元素,必须男女之间彼此敬重,互相成就对方,社会才能更和谐快乐,世界才会更可爱完美。

二、怎样做女人

怎样做一个女人,佛教有一部《玉耶女经》,内容提到一个女子应该具足五种善事,去除五种恶事。女子应该具备哪五种美德呢?

1. 负责家务:把家务处理得有条不紊、纤尘不染,让丈夫无后顾之忧,安心发展事业,儿女回家有家庭的温暖,受到充分的保护。现在有许多女性出外谋职,职业妇女固然可以增加社会的工作人口、人力资源,不过,如果夫妻彼此配合不当,而产生钥匙儿童、问题少年的种种烦恼,也不可不重视。有些女人出外工作分担家计,但整天心攀外缘,不务家事,徒然形成许多的家庭纠纷,更不可不慎。

2. 忍耐委曲:家家有本难念的经,一个家庭的物质生活,开门七件事缺一不可;精神生活的妯娌相处,侍奉翁姑等问题,也疏忽不得;纵然是小家庭,子女的教育也是头痛的课题。这些都需要女性拿出无比的忍耐力,委曲求全,做药材里的甘草,把苦涩的生活调味起来,化冲突摩擦为平和安详。

3. 守贞重节:佛教的根本五戒中有一条不邪淫戒,意思是除了正当的夫妻关系外,不做出逾越礼教的行为。女子应该严遵此戒,守贞重节,从一而终,不做出败坏妇德的事情。扩而大之,男人也应该谨行这条戒律,那么社会就没有不幸的婚姻悲剧了。

4. 敬事丈夫:夫妻之间,平时要相敬如宾,妻子对丈夫,要把他当作君王来侍奉,在生活起居上多一点体贴和照顾;尊重丈夫的人格,让他在人前很风光体面,受到人人的爱敬,妻子无形中也增光不少。

5. 和睦亲友:得人者多助。女人是男人事业的贤内助,一个女子不仅要敬爱丈夫、孝顺公婆,进而要敦亲睦邻,和亲朋好友结下良好的人际关系,为丈夫及家庭铺下成功立业的好因好缘。

女性除了必须具备以上的美德,更应去除以下五种恶事:

1. 懒惰游戏:有的妇女好吃懒做,成天沉迷于搓麻将,或是和二三朋友竟日醉心于各种跳舞嬉游的玩乐,置丈夫孩子的生活起居于不顾,没有尽到家庭主妇的职责。

2. 恶口讥讽:有的女人生性尖酸刻薄,习惯说话讽刺别人、取笑别人、诽谤别人,喜爱搬弄是非,挑拨离间,窃议别人的隐私,制造无端的是非,更有甚者口出恶言、泼妇骂街,闹得鸡犬不宁,邻舍难安。与其把宝贵的时间拿来议论别人长短,何不好好地进修,增长自己的学养道德呢?

3. 异心邪念:为人妻子应该时时警惕自己对丈夫的敬爱不够,对家庭的关心不足,殚精竭虑,全心全力爱护自己的家园,不可心存异念。要打消贪爱情欲,为建立美满幸福的家庭而献出一切。

4. 爱慕虚荣:虚荣心是人类普遍的敌人,有人贪爱物质,有人觊觎权势,有人追求情爱,有人名、利、情都能放下,却冲不破要人恭敬的关隘。爱美是女人的天性,有的女人过分注重外表,经常花费时间、金钱在外表的妆扮上,这是爱慕虚荣的毛病。佛陀曾说:"真正的美丽不是容貌的漂亮;心地的善良才是真正的美丽。"一个端庄成熟的女人,应该注重内在美。

5. 妒恨亲人:人类有一种通病,见不得别人好,譬如亲友,总要批评他两句,表示自己的不满。更严重的是原本和乐融融的一个大家庭,因为嫉妒心的作祟,妯娌之间的不合,最后终于不得不分家,另起炉灶。

过去有位女子家境贫寒,沦为乞丐,有一天行乞到一座寺院,恰巧这一座寺院正在举行大法会,这位女子赶快掏尽口袋,找出辛辛苦苦乞讨而得来的一枚铜钱,布施供斋结缘,种植将来的福田。住持大和尚知道了,赶快亲自接待,并且为她祈福。法会结束之后,这位女子继续到别的地方乞讨,走到一片树林,不知不觉就躺在树下睡着了。

事有凑巧,当时的国王刚刚失去了贤淑的皇后,痛不欲生,大臣们劝国王到野地狩猎散心,国王走到这片树林,突然看到一道灿烂的光明,趋前一看,一个衣衫褴褛,却是丽质天生、千娇百媚的女子睡卧在落叶上。国王一见钟情,就把这位供僧得福的女乞丐迎回皇宫,并且立为皇后。

当了皇后的女子,感念诸佛菩萨的庇佑,叫人备办十车的珍玩宝物,浩浩荡荡到寺院去还愿谢恩。她一路上思考着:"当初我只布施了一枚铜钱,住持大和尚就亲自出来招待我,今天我准备了这么贵重的礼品,全寺的出家人不知要如何重视与感谢?"

到了寺院,祈福法会如仪地进行,却始终看不见住持方丈的影子,皇后闷闷不乐地回宫,后来大和尚派人告诉她:"皇后,当初你虽然只布施一枚铜钱,然而那是你的全部所有,尤其你以诚恳恭敬的心来供养三宝,物品虽薄,功德无量,因此大和尚要亲自为你祝祷;今天你带了众多的财宝来布施,但是这些只是你所有的九牛一毛,况且你心存虚荣骄慢,着相供养,功德自然有限了,所以由知客师父为你消灾就可以了。"

"爱慕虚荣",这一恶就足以偷窃我们的功德,何况五恶齐身,将如何危害我们的慧命,是可想而知的事。如果以上五恶去之唯恐不及,五善行之唯恐不快,必能远离罪恶深渊,日趋善道。

同样在《玉耶女经》中提到要做五种女人:

1. 母妇:妻子对待丈夫要像慈母照顾子女一样,给他温暖慰藉,给他慈爱鼓励,使丈夫在外遭遇困难委屈,回到家里有倾诉的对象;丈夫在外面受到迫害打击,有疗养创伤的场所。母亲对孩子的爱是无微不至,是无私不求酬报的,妻子对丈夫也要有这种只求成就对方,不求回报的胸襟。

2. 臣妇:妻子对待丈夫要像臣子侍奉君王一样,竭尽所能辅佐他,贡献智慧协助他,使丈夫的事业蒸蒸日上;丈夫有偏失,要像忠臣为国一样直言劝谏他,不能让丈夫蔽于谄媚奉承。

3. 妹妇:为人妻子要尊敬丈夫如兄长,彼此友爱,互相提携,情同手足,亲如一体。

4. 婢妇:有时太太会对先生抱怨说:我就像你家的女佣,做不完的家务事,领的是天下最廉价的工资。太太们不要埋怨,这是自己分内应做的事,当下承当,就以家里的婢女、管家的身份来服侍丈夫,让他得到全天下最好的服务。

5. 夫妇:夫妻本是同命之鸟,关系最为亲密,彼此要互相帮助、鼓励,同甘共苦,永不变心。在中国历史上有许多伟大的女性、伟大的妻子、伟大的母亲,例如孟子的母亲关心子女的教育前程,三次迁徙居所;岳飞的母亲教子移孝作忠,刺背砥砺;黔娄的妻子主张:"斜而有余,不若正而不足。"坚持丈夫的矢志,名留千古;乐羊子的妻子断机劝夫,努力向学。这些都是女人中的模范,给世间平添了许多的光彩。

世上至真至诚的爱莫过于母亲对子女的爱护了,佛经上说:"佛陀视一切众生如唯一的佛子罗睺罗,佛陀爱一切的众生如病重的孩子。"如果世间上的人人都能发挥母亲爱子女、佛陀爱众生的至爱,人间哪里还有暴戾不幸的事呢?

三、妇女与佛教

在佛教里面修行有成,利人淑世,勤修功德,甚至开悟证果的女性不在少数。在佛教里女性是受人尊敬的,佛教的兴扬,女性占有不可磨灭的功劳。

法华会上的龙女以 8 岁的幼龄,成为智慧第一文殊师利菩萨的老师,并且当下成就佛道。《大宝积经》中的妙慧童女,也以 8 岁的年纪,向佛陀提出如何断惑开悟的问题,震惊全座,并因此启发小根小器的二乘对大乘的信心。

《维摩诘经》中的天女,深契无所得空的微意,当场将舍利弗变成女身,折服了声闻弟子中智慧无双的舍利弗对女性的轻慢心,她告诉佛弟子们成佛只在自性上用功夫,不在男女形相上起差别,而提高了女性在佛教的地位,为大乘佛法开拓了新内涵。

一乘佛法的《华严经》描写善财童子参访 53 位善知识,追求真理的感人故事。其中女性的善知识就占了十几位之多,如休舍优婆夷、自在优婆夷、慈行童女、有德童女、师子嚬呻比丘尼、婆须蜜多女、夜天女神等,她们都是对佛法有独到体证的大善知识,故能趋导善财童子进入法界之境。

女性除富有慈悲心,知道布施结缘,广求多福之外,其中智慧洋溢、善于说法、导人入信的龙象也不在少数。如胜鬘夫人发十大愿心,说大乘佛法,作狮子吼,阐扬如来藏思想;鸠摩罗什的母亲耆婆不但自己舍弃王宫的荣华富贵,并且度子出家,教育儿子成为佛门的龙象,对经典的翻译留下无与伦比的贡献,耆婆对儿子这种不占有的无私大爱,实为天下父母爱护子女的楷模。

《诸经要集》有则故事:

末利夫人虔信三宝,严守净戒,有一天,听说丈夫波斯匿王因为细故要杀掉御厨,当时正在受持八关斋戒的末利王后,突然向国王要求喝酒作乐,并且指定要这名御厨亲自烹煮一些下酒菜,国王非常纳闷,问末利夫人说:"你平常就滴酒不沾,况且现在又是你持守八关斋戒的日子,为何甘冒犯戒,动念饮酒呢?"

王后平静地回答:"我听说这名御厨触怒了大王,犯了杀身之罪,今天不请他煮一些美味可口的酒菜来品尝,从今以后,我再也吃不到天下第一的佳肴了。"

波斯匿王听了非常惭愧,由于自己一时的怒气,差点杀害了一名优秀的臣僚,因此下令赦免御厨的罪,更加重用他。末利王后以她的智慧感化了暴怒的国王,慈悲地救了御厨的生命,是一位母仪天下,悲智双运的伟大女性。

佛陀的姨母大爱道夫人,抚养幼年的悉达多太子长大成人,佛陀成道后，她身先表率带领500位释迦种族的女子出家，而且纡尊降贵，接受八敬法的要求，为佛陀"四姓入佛，同一释姓"的精神，作了最具体的脚注。比丘尼教团得以成立，大爱道是功不可没的第一人。

韦提希王后和频婆娑罗王夫妇是佛教的虔诚信徒，是原始佛教僧团能够蓬勃发展的伟大护法。后来他们的儿子阿阇世王听信提婆达多谗言，将国王夫妇囚禁在牢窖里，准备害死他们，韦提希夫人慨叹娑婆世界的好斗多苦，萌发厌离之心，求生他方清净国土，佛陀于是为他们说《观无量寿经》，使娑婆世界首次听到西方极乐净土的殊胜法门。

没有大爱道的发心出家，就没有比丘尼教团的成立；没有韦提希的请法，净土思想将无法宣扬于娑婆。有了这些卓越的女性，或者为众生请转法轮，或者自伸广长之舌，宣说妙谛；或以慧光破除诸暗；或持悲心济拔沉溺，使弘法利生的佛教事业，增添无比的光彩。

唐代是中国佛教的黄金时代，推动唐代佛教摇篮的隋朝，对佛教采取护持的政策，使佛教经过长期战乱，得到养息的机会。也由于融合中国文化的特征，到了唐代终于大放异彩，睥睨古今。而感化隋文帝信奉佛法、护持佛教的即是觉先比丘尼，隋文帝尊奉她为师父，大力复兴佛教，成就许多伟大的建树。

明太祖朱元璋，晚年性情暴烈，杀害大臣，株连无辜，幸好当时有一位虔诚信佛的马皇后经常劝诱他少开杀戒，免了不少冤狱；民国初年上海哈同夫人罗迦陵居士，发心盖了一栋房子让出家人挂单，并且斥资助印大藏经，创建华严大学，致力于佛教文化、教育事业的宣扬。

香港林楞真居士对佛教有诸多的贡献。她笃信净土法门，功行深厚,有一天忽然邀约朋友说:"明天我要到西方极乐世界,请各位来帮我念佛。"

第二天大家如期前往,看到林居士好端端地正在用早斋,神闲气定,毫无示寂往生的迹象。早斋用毕,林居士劝请大家念佛,然后就在众人虔敬的念佛声中,安然地往生了。

另外,吕碧城居士发心远至欧美宣扬佛教,把菩提种子播洒于西方,并倡导素食,种植慈悲善根。张清扬居士护持佛教、恭敬三宝不遗余力,抢救僧伽于囹圄之中,大作狮子吼于混沌乱世,可说是台湾佛教开拓初期的护法长城;新加坡的毕俊辉居士,为慈航法师的弟子,曾当选为世界佛教友谊会新加坡分会的主席,担任菩提学校的校长,其培植新加坡的菩提幼苗,功不可没;叶曼女士召开世界佛教友谊会,以卓越的表现,赢得各国代表的赞赏,当选该会的副主席,为国家做了极为成功的国际联谊。

妇女对于佛教,功德巍巍,难以言喻。两千多年来佛教的兴扬与发展,妇女扮演了推舟掌舵的重要角色,妇女对佛教的巨大贡献,仅约略提出四点:

1. 妇女的布施护法:由于妇女们的布施净财,一栋栋庄严巍峨的殿宇寺院得以兴建;由于妇女们的护持道场,一次次殊胜圆满的法会活动才能成功举办。如果没有妇女的发心乐施,佛教哪有今日兴盛的情况?我们能够安心在寺院道场拜佛学法,应该感谢幕后功臣的佛教妇女为我们所做的种种功德。

2. 妇女的奉侍服务:不管走到哪个寺庙,经常可以看到许多妇女在那里服务工作,她们或者到厨房拣菜、典座、行堂、端茶,或者在佛堂抹桌、扫地、擦窗、抬物。在家里,她们是女主人、少奶奶、雇有管家、工人来侍奉，但是到了寺庙，她们系上围裙，竞相服务，不怕油腻、肮脏、劳累；在服务奉献中，她们长养了菩提，增益了福慧，也促使了佛教的兴隆昌盛。

3. 妇女的度人信佛：妇女普遍有良好的口才，比较肯主动招呼他人，妇女不仅自己信仰佛教，也积极地接引初机者入信，为佛教接引许多新的有缘人，使许多人因亲近佛法而改变了人生观，社会因此得到了净化。

4. 妇女的社会福祉：妇女富有悲悯心，看到社会有不幸的事件，多能解囊相助，出钱出力，救灾救难，为人间增添温馨，给社会带来福祉。譬如有些妇女利用闲暇，组队到幼儿院为儿童洗涤衣服，洗手、做羹汤；到养老院为老人清扫环境，作护理医疗等，发挥佛教慈悲济世的精神。几年来，接受有功社会慈善公益事业表扬的佛教妇女日益增多，充分显示妇女在福利社会的伟大工作中，其地位是越来越重要了。

四、对妇女的期望

这个人间缺少不了妇女，没有了妇女，人间是充满缺陷的一半世界；佛教更需要妇女，没有妇女的参与，佛教将无法迈步前进。妇女和人间、佛教的关系既然如此密切，妇女本身又应当如何自我期许，为家庭、社会、佛教提供一份力量呢？以下提出四点对妇女的期望：

(一) 以慈悲美化社会人心

女性的让人喜欢亲近，不只是因为容貌美丽，更重要的是有一颗慈悲的心。譬如观世音菩萨经常变现为女性的样子,我们口中经常称念:"观世音菩萨",身上佩戴菩萨圣像,心里忆念菩萨圣容,并且把菩萨安置在家中最好的地方。为什么观世音菩萨如此受到世人崇奉呢?因为观世音菩萨是女性大慈大悲的表征,人间需要菩萨的慈悲来美化,使我们的社会更温馨、更祥和。

过去有一位青年爱上了一位女子,两人感情亲密,最后论及婚嫁,女方为了试探男方的诚意,要求以男方母亲的心作为聘礼,才答应嫁给他。这位青年在爱情、亲情的一番交战之下,最后选择了爱情。趁母亲熟睡的时候,以刀剥取了母亲的心。黑夜中青年双手颤抖地捧着母亲血红、温热的心,慌乱里跌倒在地上,母亲的心滚落在尘埃,对着一脸惊恐的孩子说:"孩子,你跌疼了没有?"

我们的社会需要母亲这种无怨无尤、至爱无悔的慈悲来净化、转化。妇女们要本着自己天性所长,人人做白衣天使,把健康带给有病的众生;人人为慈悲小姐,为私心私利的人群服务;人人当观世音菩萨,让社会大众都能秉持自他互易、怨亲平等、人我一体的观念,让我们的社会能够达到"家家观世音,户户弥陀佛"和乐无争的境界。

(二)以忍耐化解暴戾之气

女性自来善于忍耐,为人母者终生为儿女辛劳,推干就湿、乳哺喂育,从不嫌弃孩子,对孩子的耐心是男人无法匹俦的。譬如孩子哭了,父亲只要抱个3分钟就要求换母亲抱,而母亲抱了一辈子也不嫌烦。女性一天到晚忙着煮饭、洗衣、拖地等日常的家务工作,晚上还要痴等丈夫回来用餐,甚至枯守至深夜还不见人归来,一天天、一年年地等下去，把壁上的日历变成了两鬓的霜白。倘若由男人来守候，不出三天，家庭必定闹风波。像这种操劳家务要忍耐，生儿育女要忍耐，帮助丈夫发展事业要忍耐，孝敬公婆要忍耐，女人一生不知要忍耐多少？

世上勇敢比较容易做到，但是忍耐的力量很难养成。盛怒的时候，把拳头打出去轻而易举，握住拳头忍抑退让何其艰难；伤心的时候，热泪滚滚容易，能够噙住眼泪，化悲愤为力量，需要何等的功夫。

女人的忍耐美德就是天下最大的力量。今日的社会仍有暴戾之气，杀盗淫妄的案件时有发生，社会的治安尚难高枕无忧。社会需要以女性的忍耐来化导、匡正，化争斗为谦恭，才能转暴戾为祥和。

（三）以灵慧增加人间色彩

女性的灵巧慧性，兰心蕙质，为人间增添了多少美丽的色彩。譬如丈夫出门工作，太太把丈夫打理得清清爽爽；儿女上学读书，母亲把孩子装扮得漂漂亮亮；一天家居生活，把家庭环境整理得干干净净，从家中一幅画的摆设、一盆花的插放，都可以显出女性的灵思巧慧。

职业妇女在社会各行各业服务，家庭主妇参与社会各种善事义举，也为社会带来多少的福分。佛教的妇女应该发挥智慧，或者从事施诊、育幼、养老的慈善工作；或者执教讲坛，培育英才；或者著书立说，从事文化事业，以丰富社会，照耀人间。

（四）以和平创造大众福祉

佛教妇女要发挥和平随顺的性情，在家中和善亲人，在族里敦亲睦邻，在社会谦恭随缘，甚至做一个世界和平使者。唐朝的文成公主信仰佛教，为了唐朝和西藏的关系，嫁到了西藏，把佛教也带到了西藏，为西藏佛教的发展流传，播下了重要的种子，并且把唐朝的文化传扬于西藏。今日的佛教妇女接受各种专业训练，更可以透过各种途径，为佛教做一名和平的使者。

人人都有一位母亲，男士拥有妻子，许多人有姐妹、女儿，女性和我们的生命是无法割离的，尤其女性对佛教的关系是至为密切。女人应该开发自己的本能、自尊、特长，不断地提高自我的素质与地位。

1984 年 7 月讲于台北"国父纪念馆"

佛教的时空观

从佛教轮回的法则来看，
众生的生命是无尽的，
不仅是空间无边无际，
连时间也是无穷无尽、不可限量的。

　　时空，包括了时间和空间。时间，是往古来今，竖穷三际；空间，是百界千如，横遍十方。对大部分的众生而言，时空就像呼吸一样，日用而不觉，依各人根基的深浅而有不同的领悟。蜉蝣朝生暮死而不怨，人世七十寒暑而不足，各自囿限在一己狭小的生存时空中。但是，从佛教轮回的法则来看，众生的生命是无尽的，不仅是空间无边无际，连时间也是无穷无尽，不可限量的。如果我们能够参透时空的真谛，就能从东西南北的空间中解脱，从分秒日月的时间里破茧而出，到达"处处清凉水，时时般若花"的逍遥境界。

　　对于佛教的时空观念，以下分为四点说明。

一、一般众生的时空

　　所谓"一般众生"，不仅指我们人类凡夫，也包括了天、阿修罗、畜生、饿鬼、地狱五趣众生，这六道众生的时空，是什么样的时空呢？

我们先从时间上来说：

1. 刹那：佛教里，最短暂的时间单位叫做"刹那"，以现在的时间来算，大约等于 1/75 秒，是很短暂的。在佛教里面如何计算这么短暂的时间呢？

一念，就是一个念头、一个想法，它有 90 刹那。

一刹那，有 900 个生灭。

一昼夜，有 3 282 万刹那。

可见刹那的生灭很快，我们现在看花，是如此的红，叶子是如此的绿，而花和叶在时间里面刹那不停地生灭，过了一段时间就会凋谢，它们是在每一刹那的时间中不停地生长、凋萎的。譬如桌子，我们看到它好好地放在这里，但是如果让科学家用放射线或显微镜来照射，可以看到木材里面的纤维组织有伸缩变化，在刹那之间不停地坏灭，过几年就会腐朽。

世上哪有不凋谢枯萎的花草？又哪有不耗损毁坏的桌子？就是因为一切事物都在刹那之间生生不息，也在刹那之间灭灭不已，所以俗话说："少壮一弹指，六十三刹那。"年轻人一弹指就是六十三刹那，短暂的光阴迅速消逝，年轻的岁月转眼成空。刹那，是非常快、非常短暂的。

2. 阿僧祇劫：长的时间，佛教称为"阿僧祇劫"，阿僧祇劫非常非常的长，长到难以形容。以下将"阿僧祇劫"里面比较短暂的两个时间单位作个说明：

"芥子劫"：就是在方圆 10 千米的立方体大城里，装满芥菜子粒，每隔 100 年取出 1 粒芥子，直到取完为止，这段时间就叫做"芥子劫"。这一段时间到底有多长,恐怕要用多位的计算机才能算得出来。

"盘石劫":就是一块1万立方米的大石头,每隔100年用砂纸磨擦一次,一百年、一百年地擦一次,直到把大石头磨灭了,整个擦成粉末,就是"盘石劫",这种时间更长。

在佛教里面,"芥子劫"和"盘石劫"都只是小劫,至于"阿僧祇劫"这样的大劫更是无量无尽,不可言说的。

3. 各种众生的寿命:众生寿命无定,像水面的泡沫,忽然生起,又忽然消灭,各有不同的寿限。人,通常只能活到100岁左右,而蜉蝣的生命却是早上生晚上死,这种朝生暮死就是蜉蝣的一生光阴。乌龟是世上最长寿的生物之一,可以活250年,而类似感冒的病毒只能生存3小时,这种250年和3小时虽然相差极大,却也各是一生。大象和海豚可以活90年,牛马猴狗能活15~20年,老鼠能活3~4年,蚊子、苍蝇却只能活5~7天,这也是它们的一生。

这许多众生的寿命,无论是朝生夕死也好,是3小时、100年、250年的寿命也好,用尘世的观念来看,也许很长,但是在无限的时空里面,还是很短暂的。为什么呢?因为经典记载,人上面是"天",离我们最近的一个天,叫"四天王天","四天王天"里的人的天寿,换算成人间的岁月,是25 000年;再上一层是"忉利天",有10万年的寿命;"夜摩天"有40万年的寿命;"兜率天"有160万年的寿命,还有更高的"化乐天","化乐天"里的人有640万年的寿命。

如果由欲界天再往上说到色界天,那就更不可思议了,色界天里"他化天"的众生换算成人间的岁月,可以活到2 560万年,是我们一般人很难想象的。再往上还可以追溯到无色界天,无色界天里的众生可以活过8万大劫,8万大劫的时间更是长到人类所无法想象的。然而不管多么长的时间,依然是在生死的流转里翻腾,不能超脱时空的围限。

在无间地狱里的饿鬼更是难以翻身,不但身心无间,时间无限,受罚受罪的苦更是难以名状。经上有一个"饿鬼等痰"的例子形容的很好:在地狱里有个受罪的饿鬼,长久没有东西吃,觉得饥苦不堪,日日引颈盼望有什么东西可以果腹,好不容易发现有一个人要吐痰,看准了这个天大的好机会,饿鬼就眼巴巴地等吃这一口痰。他等了又等,看着城市倒坍、城市修复、城市倒坍、城市修复,修好了又倒坍、坏了再修好、修好了又坏……如是城好城坏各七次,无数时间悠悠飞逝之后,他才等到那一口痰。地狱里无日无夜的漫长时间,实在非常可怕。至于空间,在佛教里面,大的空间叫佛刹、虚空,小的叫微尘,名称虽然不同,却都指称三千大千世界,它是无边无量无限无涯的。

宇宙到底有多大呢?以现代科学的立场而言,我们现在站立的地球上面有一个太阳,据科学家研究的结果,证实地球的体积只有太阳的一百三十万分之一,换句话说,太阳的体积是地球的130万倍,而在辽阔的虚空之中,一个银河系有1 000亿颗以上恒星,宇宙里面已观测到的天体离地球约137亿光年……由此可知,宇宙是何等的浩瀚深奥。

再从微尘方面来说:现代物理学上把物质分解成小的单位,叫作原子、电子、中子,而微尘是比中子更细微的。这就像牛毛很细,可是牛毛的尖端用高倍的显微镜放大来看,还可以发现更多更小的成分,这种比一般观念所认识还要细微了几万倍的情形,就是微尘。我们的小拇指表面上干干净净的,实际上却寄生了成千上万的细菌和尘埃;一只小小苍蝇的眼睛由四万个小眼组成,这些空间都是极细极微,是人眼所不能见的。

经由各式各样科学仪器的探测分析,科学界对于我们生存的时间、空间作了种种广袤深微的解说,可知宇宙实在太广太深了。但是在佛法里,这种说法还是很浅小的,佛法里的时间和空间,都是至大无外、至小无内,是无量无边的。

二、现实生活的时空

在广大的宇宙里,我们每天的生活都与时间和空间紧密相连,离不开时空关系。一个人做人好不好,处事顺不顺利,要看他对于人际关系如何处理,对于时间的久暂怎么把握,对于空间的分寸如何安排,不注意时间,行事太快太慢,都会引起别人的憎恶;不了解空间,占了别人的位置,抢了别人的优势,别人也不高兴。所以,时空对于我们人生关系甚为重大。

在现实生活上,有人感到时间不够用,分秒必争;有人觉得光阴漫长痛苦,度日如年;有人贫无立锥之地,世上无处可容身;有人良田广厦万顷,连月球上的大地都想买,形形色色,不一而足。

时间是世界上最公正的东西,贫者不少一分,富者不多一秒,一切权贵威势,都不能夺。时间是世界上最能干的法律顾问,所谓"路遥知马力,日久见人心",一切是非爱憎功过,俱由时间裁判。时间是道德的公证人,所谓"平生莫作皱眉事,世上应无切齿人",人格尊卑,久而自见。

在现实生活里,时间的脚步是三重的,人生七十古来稀也好,人生七十才开始也好,众生的生命都在"过去、现在、未来"三重时间里悠悠度过。"过去"的时间已经悄悄消逝,永远不回头了;"现在"的时间像箭一般地飞走,转眼即失去踪影;"未来"在犹豫中慢慢地接近、接近,忽然之间又擦身而过。这种种易逝成空的情形,许多诗人都感慨过,譬如:

公道世间唯白发,贵人头上不曾饶。([唐]杜牧)

莫怪世人容易老,青山也有白头时。([清]骆绮兰)

这是说:世间最公平的是使少年变成白发的岁月,不管你有钱没钱,体壮体弱,一旦年龄老去,头发都会变白。青山有寒霜之时,人也有白头之日。

今朝一岁大家添,不是人间偏我老。([宋]陆游)

世间何物催人老?半是鸡声半马蹄。([宋]王九龄)

这是说:人人会老,年年易老,人生就在岁岁年年的爆竹声中瞬息消逝了;生命在"咕咕喔喔"的鸡啼声里一日日度过,岁月在"嘀嘀笃笃"的马蹄声里一程程消失,无论如何,生命最终都会在无穷的时间里老去。佛教说生死流转、诸行无常,像白居易的诗:

顾我长年头似雪,饶君壮岁气如云。

朱颜今日虽欺我,白发他时不放君。

我们学佛法的人之所以要苦苦修行,就是为了在无限的时空里证入菩提,在刹那的时光中掌握永恒,在一花一木一水一石中契悟无上的妙道,得见无上的法界。

在现实生活里,要看破的不仅是时间,还有空间。有人上山与山争土,有人填海与海争地。土地诉讼案件层出不穷,是活人与活人争地；许多公寓大厦挖取坟墓兴建，是活人与死人争地。不但人与人为了争夺生活空间而兴讼，国与国也为了扩展生存空间而起干戈；大千世界的一切战争几乎都是为了生存空间而战。其实，"良田万顷，日食究竟几何？大厦千间，夜眠不过八尺"，人间各种有形无形的空间，尽皆幻渺；三界忽存忽亡的空间，都是心识。白居易另有一句诗说得很好：

   蜗牛角上争何事，石火光中寄此生。

  所谓"世间树木有千载，人生荣枯无百年"，也是同样的意思，无非是劝大家脱离我执、假相，舍弃生死无常的种种苦恼，进而离苦得乐。在现实生活里，常常有许多难以度过的时空在折磨人，使人痛苦焦虑、彷徨失措。例如：

   凌晨三点半，伤心病榻眠；
   受屈无处诉，失意痴迷时；
   绝病宣布日，逃犯容身难；
   贫无立锥地，妻儿哀哭啼。

还有一首打油诗说得更详细：

   人约黄昏后，玉人不来时；
   升学联考日，榜上无名时；
   生离与死别，伤心断肠时；
   初次为人母，阵痛难产时；
   卧榻辗转侧，不能入眠时；
   少年好械斗，父母着急时；
   内急肚腹痛，寻觅厕所时；
   全力去竞选，开票落选时；

机车迎面撞,紧急煞车时;

犯罪难逃避,宣布刑期时;

沙场百千米,推进困难时;

眷属不和谐,吵闹分家时。

在现实生活里,最难度过的时空实在太多了。像上面说的失约、落榜、生产、卧病、如厕、翻车、判刑、夫妻失和以至生离死别,这些痛苦煎熬的时空,几乎人人不能免,也常因而引起纷争:这个位子是我的,这个东西是我的,这块地是我的,你不能动;你迟了2分钟误了班机,未能及时上机而逃过了一场空难,捡回一条命……现实生活里的人生,真是一种空花水月的人生;现实生活里的时空,也是一片空花水月的时空:

1. 空花人生:在花开花谢的时光里,人会悠悠忽忽地老去,今年的花与去年的不同,今年的我也已经不是去年的我了。就像下面几句诗说的:

今年花似去年好,去年人到今年老。

人无千日好,花无百日红;

早时不算计,过后一场空。

流光容易把人抛,红了樱桃,绿了芭蕉。

去年今日此门中,人面桃花相映红;

人面不知何处去,桃花依旧笑春风。

2. 空水人生:这世上只见千古流漾的水光,不见千古不灭的色身,举两句诗来说:

长江后浪推前浪,一代新人换旧人。

前水复后水,古今相续流;

新人非旧人,年年桥上过。

3. 空月人生:一团明月照千古,可是在现实人生里,有谁能像月亮一样长存不灭呢?其实月亮也有圆缺盈亏的时候。古人曾经一再感叹这种人生的无常易逝:

今人不见古时月,今月曾经照古人。

江畔何人初见月?江月何年初照人?

人生代代无穷已,江月年年只相似。

不知江月照何人,但见长江送流水。

现实生活里面的时空,如空花般旋开旋落,如水月般如幻如影。世间的一切如明日黄花,枯萎不再,唯有法缘是永久的,佛理是不灭的。就像下面这首诗所说:

启建水月道场,大作空花佛事,

降伏镜里魔军,求证梦中佛果。

三、圣者解脱的时空

佛教里有许多修行得道的圣者,他们的心性无恚无染,他们的生活离苦离妄,他们的时空是一种大解脱大自在的时空,和一般众生不同。

例如修行禅定的圣者,经由息心止念而进入甚深微妙的法界里,有时候能神超形越,"促一刹那而非短,延无量劫而非长",不受时空的影响。像近代的虚云老和尚,他在陕西翠微山修行的时候,有一天淘米做饭,在等饭煮熟之前,他顺便打坐一会,这一坐就在山洞里入定了。等到出定之时,米饭早已霉坏,算算时间,他这一坐竟然坐了半年之久,真是"山中方七日,世上已千年"。

佛教里的圣者常常摆脱有限的三度时间，而神游于法界的时空里，他们的清净自性充塞宇宙，无时无刻不在；他们的圆满法身遍布虚空，随地随处安住。日中一食而不饥乏，树下一宿等然极乐，他们的时空是一种"山僧不解数甲子，一叶落知天下秋"的时空。好像懒融禅师，他舍弃了富贵荣华的生活而出家，一鞋一衲隐居深山修行，不问红尘世事。他的妹妹不忍他日子过得太困苦，就带了些衣服食物送到他修行的山洞来。懒融看到妹妹送了东西来，也不睁眼，也不讲话，依旧一动不动地趺坐，他妹妹忍不住气从心上起，把衣物往洞里一放就走了。这一走，白云变为苍狗，沧海变为桑田，漫长13年过去，他妹妹挂念着他，忍不住又上山来探望，见了面，懒融禅师还是像石头一样坐着，13年前送来的衣物还是一动不动地放在那里，早已灰尘遍布。

元朝的高峰原妙禅师也是在山洞里修行，洞口原有梯子供上下，他爬上洞口后，就把梯子抽掉，从此绝足不出。当时有些人认为他很可怜，衣服没有换洗，身体不能沐浴，须发无法修剃，没有好食物吃，山洞狭隘得连散步一圈都不容身，既没有人可以倾诉讲话，也没有师友来往。可是高峰妙禅师却能忍人所不能忍，能人所不能：他的衣服虽然没得换，可是法相庄严；他的身体没有水可以沐浴，可是身心清净无染；他的须发虽然没有剃，可是痛苦烦恼却连根拔除；没有佳肴珍馐，却能每天禅悦为食，佛法和真理的美味无穷；没有朋友，大自然的树木花草却都有无限的生意，所见无非般若，所缘皆是妙谛，他的快乐是无可言说的。

这些圣者解脱的时空里，有种种逍遥自在，不是我们现代这个物欲流行的社会所能企及的。现代人只知道拼命追求物质的享受和感官的满足,而忽略了精神的安谧自在,欲望越多,越是贪婪痛苦,徒然陷身在骨岳血渊的魔界而无法自拔,真是可怜。宋代诗人陆游曾经做过一首诗说:

　　身如巢燕年年客,心羡游僧处处家;
　　赖有春风能领略,一生相伴遍天涯。

　　许多人每当工作繁重,生活沉闷,日子过不下去的时候,他们就出门旅游一番以求解脱。有的去东南亚或日、韩等国散心,有的远赴欧美、南非消气,临渴才要掘井,是不能拥有彻底解脱的时空,远不如修持佛法、了生脱死来得实在。真正在佛法里成道入圣的人,能从一刹那中证入永恒的世界,从一沙一石中见出无边的虚空,无量法界无边刹土都在我的心内圆成,又何必苦苦向外骛求呢?

　　禅宗里的许多禅师都有这种解脱时空的本领,他们一念放下就是一切放下,一切放下就能"心游邃古,一念万年",不但不受时空的束缚,而且能穿透时空的迷障,截断众流,与诸佛契合。例如云门宗的祖师"灵树接首座"的典故,便是一个注解:

　　后梁时代,在现今广东省曲江县附近曾有一个灵树道场,由知圣禅师驻锡弘化,僧众几百人,却缺乏一位首座和尚住持。有人劝知圣禅师说:"如今寺里僧众颇多,也该遴选一位首座和尚来住持了。"

　　知圣瞑目沈思,静静地回答说:"本寺的首座早已降生,正在为人牧羊,不要急切。"

　　过了几年,仍不见动静,寺里的人再度请求设立首座。知圣禅师微微颔首:"快了,快了,本寺的首座已经出家为僧了,请大家忍耐。"

好多年过去,首座的法座依然虚悬如故,有人追问起来,苍老的知圣含笑说:"因缘渐渐具足了,我们的首座已经在参访行脚、参禅悟道了。"

知圣禅师说了这话以后,依旧每日澄心净虑、如是不变,一晃又是22年过去。寺中弟子眼见知圣日渐垂暮,无不忧心,便再度启请设立首座。知圣望空而笑,安慰大家说:"等了这么多年,我们的首座终于度越五岭向南方来了,请大家再等些时。"

说完,又回到方丈室里静坐去了。大家面面相觑,议论纷纷。这事过去不多久,忽然有一天知圣禅师吩咐整理首座住的寮房,而且亲自察看。不到几天,灵树寺的寺钟大鸣,知客传达住持的指示,要大家披上袈裟,齐集山门外迎接首座。大家随着垂老扶杖的知圣禅师伫立山门,片刻之后便见一僧托钵跛行而来,正是云门文偃。

知圣笑着问:"法座虚悬了几十年,你为什么迟到今天才来?"

文偃恭敬合十回答:"一切因缘皆由前定,原不在乎时间的迟速和空间的远近,我不是终于来了吗?"

知圣会心一笑,随即率众弟子将文偃迎上大殿升座,成就了这一段"灵树接首座"的佳话。

1943年,虚云老和尚就是在云门寺中振兴云门禅风的。

这些禅师的生活何等逍遥自在,他们的时空何等超越亘古,相形之下,现代人满腹山珍海味而不餍足,满心功名利禄而不安适,卧席梦思而睡不着,住别墅大厦没有安全感,日争夜逐,勾心斗角,不能享受"无边风月眼中眼,不尽乾坤灯外灯"的无限时空生活,岂不可惜?

四、如何利用时空

佛教里有一句话说:"心包太虚,量周沙界。"宇宙是现象世界的时空,法界是心灵世界的时空。意思是说:会运用时空的人,他的时间是心灵精神的时间,是往古来今纵心自由,禅机禅用无限的。相反的,不会运用时空的人,他的时间只是钟表刻度的时间,受钟表指针的支配,一小时不会多,一分钟不会少,浑噩而有限;他的空间只是地域里程的空间,受尺寸指标的局限,一千米不会增,一米不会减,狭隘而有限。就好像有一位信徒问赵州禅师:"十二时中如何用心?"

赵州从谂双眼一瞪:"你是被十二小时支使得团团转的人,我是使用十二小时恰恰当当的人,你问哪种时间?"

聪明的人懂得恰当利用时间空间,活得顺心适意;不聪明的人只会被时间空间支配得团团转,奔波忙碌不已。一智一愚,高下立见。《吕氏春秋》里有一则"刻舟求剑"的寓言,很能说明这种昧于时空的情形:

楚国有一个人乘船渡江,船行到江心的时候,他的佩剑不小心掉到江水里,别人劝他赶快下水捞取,他一点都不着急,只用小刀在船舷边做了个记号,洋洋得意地告诉大家说:"我的剑从这里掉下水,等船停了再从这里把剑捞起来就行了,急什么?"别人告诉他船是不停地行驶,水不停地流动,掉下去的剑不可能一直跟着船走,时间一过,空间一变,就拿不回来了。他不相信,等船靠了岸,他就在记号边打捞,当然是拿不到的,因为时空不对了。

有些人到社会上服务,只想拼命赚大钱,日夜不停地投机使诈,费尽心机捞钞票,一个月赚上1万、2万、3万,一年几十万,终其一生也不过捞到百千万。扣掉买衣、吃饭、交际应酬的花费,剩下来的也没有多少,为了这些钱就舍弃了一生的理想和快乐,究竟有什么意义?他的人生价值究竟在哪里?耗费了宝贵的生命和光阴,只为换取几张钞票,为什么不用宝贵的生命光阴去求取真正的幸福之道呢?

我初到台湾的时候,不但衣衫鞋袜旧了、破了没得换新,就是想有一支笔、几张纸来写文章都不容易,往往挨饿受冻地等了几个月都等不到。看到别人诵经做法会、募捐化缘弄到了许多钱,高高兴兴地置大衣、置食物,我一点都不羡慕,也不因此觉得贫穷、苦恼;天气冷的时候,我出门晒太阳,没有人说我不可以晒太阳,太阳是我的衣,多么温暖;天气热的时候,我到树林里吹吹凉风,没有人说我不可以乘凉,风是我的衣裳,多么自在;我看树木花草,树木花草是我的法侣,没有人能禁止我,我的法侣何其多;我走过山河大地,山河大地给我无限的法喜,没有人能掠夺去,我的法喜何其充盈。只要心胸开朗宽阔,天地日月都是我们的,我们就能容纳一切时空;如果怨叹人生穷塞窘迫,随时随地都是贫贱不安,一切时空都成了我们无边苦海的无间地狱了。

有一个年轻人看到一位白发皤然的老翁,问他:"老先生,您今年高寿几何呀?"

老先生含笑回答:"4岁,我今年4岁啦。"

年轻人吓了一跳,左看右看都不像:"老先生,不要开玩笑了,您头发这么白,胡子这么长,怎么可能只有4岁呢?"

"真的呀,我真的只有4岁。"老生先和蔼地解释说:"我过去醉生梦死,自私自利,枉自空度了大半生,一直到4年前听闻佛法,才知道要做善事,做好人,知道息去贪瞋痴妄,明心见性修道;我一生只有最近这4年过得有意义、有价值,也只有这4年才活得心安理得。你问我几岁,我真正活得像个人的时间只有4年,我实在只能算4岁啊!"

行善要趁早,求法要及时,在这短暂的人生时空中,是怎么生活下来的?有没有把握时间行善求法?有没有利用空间自利利人?

佛经里有个譬喻:有一位国王身边经常有左右两位大臣,国王喜欢左边的大臣,不喜欢右边的大臣。右边的大臣很奇怪,不明白何以失宠,只好密切注意对方的一举一动,不久终于发现不受宠幸的原因了。原来每次国王一吐痰,那个受宠的大臣就立刻伸脚替国王把痰擦掉,以此赢得了国王的欢心。

这个大臣恍然大悟,立刻如法炮制。可是每次都慢了一步,赶不上对方的时间,争取不到替国王擦痰的机会。后来他想到一个捷足先登的办法,下定决心非抢到先机不可,就在下一次国王要吐痰的时候,他看准了时间空间,立刻飞起一脚踹上国王的嘴巴替他擦痰……这下可好,不但把国王的门牙都踹掉了,踹得国王满嘴都是血,也终于抢先一步把国王的恩宠完全踹掉了。

贪爱愚痴的人,永远不懂得利用时空,甚至错过了时空,只有懂得利他利众的人,才能把握无限时空。

有一个日本大官问泽安禅师如何处理时间:"唉,我这个官做得真没有意思,天天都要受恭维,那些恭维话听来听去都一样,实在无聊。我不但不喜欢听,简直有度日如年的感觉,真不知这些时间该怎么打发才好?"

禅师笑笑,只送给他八个字:"此日不复,寸阴尺宝。"

意思是说:光阴逝去就不再回来了,一寸光阴一尺璧,要珍惜啊。

现在大家讲"节约",只知道用东西要节约,用钱要节约,不知道时间要节约,感情也要节约,欲望要节约,生命更要节约……一切心念和行事都要适当节制,不可以放纵泛滥,才是懂得利用时空的人。

日本的宗演禅师很喜欢睡午觉,积癖成习。有时弟子问他何以一睡就睡那么久?宗演禅师板起脸来训诫道:"你们懂得什么?我是去梦乡寻访古德先贤,就像孔子梦见周公一样,梦得越久,道念越强,你们哪里懂得这种'与古人友'的方法?"

有一天,几个弟子因为贪睡午觉受到宗演禅师的申斥:"为什么睡这么久?"

"我们是学您的榜样,去梦乡寻访先贤和大德的呀!"

"先贤教导你们什么佛法?"

"我们到了梦乡,见到了许多先贤,就一一请问:'我们的禅师常常来向您请教吗?'想不到问了许多先贤,都说:'从未见你们那个禅师来过。'"

时空,是不能欺诳,也不能假替的。"一日复一日,一日不再来",光阴一去不回头,不用心把握,就什么都留不住。如一首诗所言:

　　盛年不重来,一日难再晨;

及时当勉励,岁月不待人。

佛教里有一则普贤菩萨的"警众偈"说得最切要透彻:

是日已过,命亦随减,

如少水鱼,斯有何乐?

当勤精进,如救头然,

但念无常,慎勿放逸!

时空易逝,想把握时空,爱惜生命,最好是念"阿弥陀佛",学习"阿弥陀佛"。"阿弥陀佛"的意思,就是无量光、无量寿——无量光是空间无边,无量寿是时间无限。能使时空无限无边,就能超越时间,了生脱死;就能转迷成悟,跳出生死轮回的苦海,超脱森罗万象的迷障,而进入光明自在的涅槃净海、极乐净土之中。

1982年11月讲于高雄中正文化中心

佛教对社会病态的疗法

佛教教主释迦牟尼佛,不但是一位宗教家、教育家,
更是一位大医王,一位千古难逢的心灵导师。
他不但可以治疗我们身体上的毛病,
对于各种社会病态,也都有治疗的方法。

现在社会的病态很多,有家庭病态、学校病态、农工法商各界病态,甚至我们的身体、心理都有病。身体患了病——头痛、肚子痛,可以到医院找医生治疗;心里烦恼,精神不振,也可以找心理医生矫治。对于社会的病态,我们找什么人来治疗呢?

佛教教主释迦牟尼佛,不但是一位宗教家、教育家,更是一位大医王,一位千古难逢的心灵导师。他不但可以治疗我们身体上的毛病,对于各种社会病态,也都有治疗的方法。

佛陀曾于《佛遗教经》里说:"我如良医,知病说药,服与不服,非医咎也。"意思是说,我就像是一位高明的医生,你有病,我开药方给你;你不吃,病不会好,不能怪是医生的过错。佛陀又说:"又如善导,导人善道,闻之不行,非导过也。"意思是说,又好比我是一个向导,为你指出一条人生最好的道路,你不依指引的方向走,找不到你的人生光明道路,过失也不在引导的人。

下面依照释迦牟尼佛所留传的药方,对社会病态提出四点治疗的方法:

一、家庭伦理的病态与疗法

现代社会的某些家庭中,所潜伏的病态可说已到严重的地步。有一幅小漫画,很传神地表达家庭问题:做丈夫的回家了,开门前,怕太太跟他唠叨,问长问短,就在胸前挂上一个牌子,上面写了三个字:"别问我",要太太别问他今天做了什么,去了什么地方,不要啰啰唆唆。这个太太一看到先生胸前的牌子,立刻怒气发作,转身拿了一个牌子挂在背后,上面写:"别惹我!"意思是:我不问你在外面胡天胡地,你也休想从我这里得到什么。丈夫进门,到了客厅,他的儿子趴在地上看电视,头上顶着一面牌子:"别揍我!"意思是:老子归老子,儿子归儿子,别仗着你做父亲的威风打人。这个父亲再走几步,又看到家里的管家和佣人都挂着牌子:"别叫我!"嫌这个家庭事情太多,不胜其烦,所以拒绝召唤。

这幅漫画暴露了某种病态:今天的家庭里,真是父不父,母不母,子不子,女不女,很多家庭伦理已经亮起了红灯。

过去社会的家庭问题,顶多是儿女对父母的孝养问题,老年人缺乏照顾,精神空虚,或因代沟问题与子女失和。所以我在宜兰办了"仁爱之家",又在佛光山设立"佛光精舍",让家庭失调的老人能得到照顾,但是天下孤苦无依、晚景凄凉的老人何其多!杜甫有一句诗:"安得广厦千万间,大庇天下寒士俱欢颜。"指出社会应增设更多养老院,来安置所有需要照顾的老人。

现代社会的家庭,所潜伏的病态日趋严重,许多家庭伦理已经亮起了红灯。现在的家庭，除了孝养父母的问题之外，如试管婴儿、借腹生子，乃至单亲家庭、外籍新娘、小移民、小留学生……问题越来越多，也形成不少家庭、社会问题。

很多父母在这种工商社会里，只想到赚钱，对于子女的教育，不知道真正关心，结果造成了钥匙儿童、才艺儿童、方便面儿童、维生素儿童……有的父母忙着应酬、交际，甚少和子女接触，一天跟孩子讲不到三句话，孩子长期孤单寂寞，长大以后还会和父母亲近吗？又者，现代孩子生得少，溺爱孩子，使孩子失去正当人格的发展；外籍新娘多，孩子教养问题也产生了巨大的落差。

有的父母对子女寄望过多，要儿女成龙成凤成博士，除了学校的功课，还强迫他们去学钢琴、小提琴、舞蹈、绘画、英语、日语……小孩子背负这么沉重的压力，吃得消吗？长大以后会不会排斥呢？今天青少年问题严重，离家、逃学、吸烟、赌博、打架……难道没有原因？有一位教育学者说：现在的儿童，不是靠父母的爱和关怀成长的，是靠着牛的照顾长大的，他们喝牛奶、吃牛排、穿皮衣、用皮带、穿牛皮鞋，系牛皮饰物……就像是牛养大的。所以现在许多青少年性格如牛，过着牛脾气的人生。

现在都市里大部分实行小家庭制，年长的父母大都单独居住。兄弟姐妹多的，就轮流奉养父母，星期一由台北的老大来养，星期二、星期五到桃园老二家去吃饭，星期三、星期四归台中老三照顾，星期六、星期日到台南投靠女儿，然后再赶回台北老大家，这样东奔西赶，疲累不堪。假如父母也用这种方法来养育子女，今天由父亲照顾儿女，明天由母亲照顾儿女，如此轮流养育的教育方式，家庭不会破碎吗？

据说现在女孩子嫁人的条件是：第一、要有楼房；第二、要有汽车；第三、不要公婆。过去女孩子选择对象，都会先看看这人是否书香世家？这个人身家是否清白？这人的家庭道德好不好？现在不注重门楣，不注重道德，只重视楼房汽车，甚至嫌公婆累赘，像这样没有家庭伦理观念的人，其病态是很严重的。

古人说："家败，离不开一个奢字；人败，离不开一个逸字；讨人厌，离不开一个骄字。"对于家庭伦理的疗法，我们可以说，救家庭离不开一个佛字。

依照佛经的教示，治疗家庭破碎的方法，必须先从家庭里的主要分子——夫妻说起。怎么样做一个丈夫？怎么样做一个太太？

《玉耶女经》里面曾提到，一个成功的女人，必须具有母妇、臣妇、妹妇、婢妇、夫妇五种妇德。此外，好太太平时要用温柔的言语慰问先生的辛劳，烹调营养卫生的美味佳肴，而且将家里整理得窗明几净，富有诗情画意，夫妻、亲子之间彼此坦承相处，同心齐力。如此，必然能建立一个幸福和谐的家庭乐园。

另外，《善生经》则告诉我们怎样做个好丈夫。一个真正的男人必须是：

第一、负责任，能担当：有宽阔的肩膀承担，也有魄力担当。

第二、讲信用，守道义：有诚恳正直的心胸。

第三、肯勤劳，创事业：有谦逊务实的作为。

第四、性宽厚，心有容：有泱泱大度的君子之风。

第五、能慈悲，多慧解：有慈悲的爱心，有中道的智慧。

一个家庭里，夫妇相处得好，家庭伦理就能端正，身为一家之主的丈夫，除了做到上面五项男德，更应该奉行作为人夫的四条守则,即吃饭要回家、身边少带钱、外出说去处、应酬成双对。

子女和父母的伦理也是相生相成的,孝顺的子女,必须以五事来对待父母:

第一、供养父母,不令缺乏。

第二、凡有所为,必先禀白。

第三、父母所为,恭顺不逆。

第四、父母正令,不敢违背。

第五、父母正业,不为中断。

慈爱的父母,也必须以五事对待儿女:

第一、教育子女,不让为恶。

第二、指其善处,使有品格。

第三、慈爱关怀,教其学问。

第四、善为婚嫁,务使满意。

第五、随时供给,助成事业。

家庭,是一种连锁关系,父母子女像锁链一样环环相扣,绝不可分割,人人尽其在我,相敬相爱,家庭伦理就美满幸福了。

二、农工职业的病态与疗法

今日在工商转型为高科技的过程中,许多问题缺乏调适,许多情况无法掌握,结果造成职业困境及精神空虚等种种病态。

由于都市发展蓬勃,农村青年渐有"为农者贱"的观念,农村人口大量外流到城市,引起劳力不足、农地废耕的现象。另一方面,大学农学院和农专毕业的学生,买不到农田耕种,无法取得自耕农的资格,有志于农业的人,反而没有农田。

由于工业的发展,交通的需要,我们的农地愈来愈少,甚至没有农地,难道我们可以吃机器,吃声光歌舞吗?难道我们能吃钢筋水泥维持生命吗?农药的使用也愈来愈多,造成河川及土地污染,危害到人类的健康,像号称东亚最大的台中德基水库,也无法避免上游的农药污染,连中横公路美丽的环山部落,都成为滥施农药的死地。造成这些农业病态的原因,就是功利心。工商业的病态也是如此,人们都讲求功利,要发财,要成功。等真正有钱了,却不会用钱;真正有权势了,却滥用权势,于是成为今日社会某些罪恶的源流。工业发展制造了许多暴发户,又由于大财阀的控制,造成了经济垄断,整个台湾社会弥漫着一股享乐歪风,不会用钱,只知享受;光是交际酬酢、酒食饮宴,一年就吃掉了几条高速公路。

今日工商业的发展,也带来许多公害、污染,以及自然生态的破坏,这也是很严重的病态。不过,更糟糕的是精神上的污染,钱多了不会用钱,反而污染了自己的心性,污染了自己的灵魂,污染了社会风气和道德;这种人性道德的破坏更可怕。

比方说,商品的仿冒、走私、漏税、盗用商标、恶性倒闭、倒会卷逃、空头支票满天飞等,这个社会某些人常常不顾工商道德,有一种"能欺则欺,能骗则骗"的心理。很多人有了钱,就逢场作戏,金屋藏娇,不顾妻儿,不重家教,每日酒食争逐,忽略家庭,因此制造了许多青少年问题,直接遗害下一代。

另外,也有许多职业病的问题,职业病不光是身体机能的障碍(例如静脉曲张、坐骨神经痛、痛风、肩周炎、视力伤害等),心理上的麻木更严重。尤其很多电子工厂、成衣工厂都实施流水作业,完全不用人脑,只是零件、机械的装配,整天做着相同的动作,像螺丝钉一样,没有思想,没有感觉,成了简单的、没有智识的人,日子久了,精神能不苦闷吗?

现在的社会,由于注重科技发展,人们也变得越来越机械化了。譬如电视是遥控,不必走动;速食品越来越多,不必烹饪;洗衣脱水,用电脑;领款购物,用银行卡。这样发展下去,人越来越懒,都不必下厨房、上班了,按一个钮,牛奶来了,面也做好了,资料也传真了,公文也上网连线了,一切按钮、按键盘即可,人都可以不用走动了。

农工商职业的病态,是由于社会多了金钱、色情与暴力,少了礼义、美德与善知识。对于这些职业的病态,该怎么治疗呢?

(一) 要有因果道德的观念

说到因果,一般人总会想:世间因果也不准确,很多好人遭遇不幸,很多坏人升官发财,哪里有什么因果呢? 其实,因果甚至比现在的计算机算得还要准确。计算机会出错,但是因果绝没有错误的时候。有的人做人很好,很乐善好施,但是过去欠了债,不能赖账,不能因为现在人好就不还钱,好人还是要背负过去的债,所以好人也有灾难。有的人很坏,居然还能步步高升,可能是因为他从前种了善业,而现在造恶的报应未到;他银行里的存款尚未用完,不会因为他坏就不给他挥霍。所谓"欲知前世因,今生受者是;欲知来世果,今生作者是",我们想知道过去做了什么,只要看现在所受的果,就可推知过去的因。同样的,想知道未来会有什么报应,看看现在做的事,就可预知将来得什么果,因地不同,果报自然不同。

很多人不明了因果,误会了因果——我念佛、拜佛,怎么不发财呢？为什么反而遭到倒闭呢？要知道，发财有发财的因果，念佛有念佛的因果。种豆得豆，怎么会长出西瓜呢？念佛是求了脱，怎么可能发财呢？这是错误的观念。所以，信仰有信仰上的因果，健康有健康上的因果，经济有经济上的因果，因果是不可以错乱的。

在佛门里，有时候用人不讲究此人有无能力，而讲求有没有因果观念。如果他有因果观念，一定会有道德观念，所谓"菩萨畏因，众生畏果"，菩萨敬畏因缘，慎于始，不随便乱来，而凡夫和众生却不知防微杜渐。譬如暴饮暴食，吃到病痛缠身，才去看医生；开车猛闯，出了车祸，伤了人命，才悔不当初；为了贪婪而贪污舞弊，出事被揭发，法院传单一到，就插翅难逃，后悔莫及了。

我们常常怀有一种侥幸心，以为做了什么没有人知道，一念苟且，后患无穷。任何事你知、我知、天知、地知，因果尤其会知道。诗偈云："善似青松恶似花，看看眼前不如它；有朝一日遭霜打，只见青松不见花。"所以有因果观念的人，只要不违背因果的原则，自然功不唐捐，这种功德是不会消除的。

（二）要有律己持戒的行为

中国儒家的"非礼勿视，非礼勿听，非礼勿言，非礼勿动"，就是律己的功夫。佛教讲五戒，就是不杀生、不偷盗、不邪淫、不妄语、不饮酒。不杀生，是不侵犯众生生命；不偷盗，是不侵犯任何财富；不邪淫，是不侵犯他人的身体与名节；不妄语，是不侵犯大众人格与信誉；不饮酒，是不借酒麻醉自己，甚至醉后乱性。五戒的原则，是不可先侵犯了自己的意志，又去侵犯他人。

安和乐利的社会，应该人人互相尊重，互相成全。倘若大家都能持守五戒,每一个人的生命不会受侵犯,金钱不会被劫掠,名节不会受玷辱,信誉不会受污损,不必惧怕一切意外的侵犯,大家律己持戒,社会病态自然会逐渐减少。持守五戒,正是祛除社会病态的一种疗法。

(三) 要有勤俭感恩的美德

社会上的许多病态,都是由自私而起,只知利己,不知利人,结果人人相争相夺,勾心斗角,各种畸形的病态都会出现。针对这种贪婪、自私的病症,必须以勤俭、感恩来对治。

不要只想别人给我多少,要想我能给别人多少。我给予,我奉献,表示我富有,如果一味接受别人赠予,向别人求取,反而显得我贫穷。

勤俭感恩的美德由内心发出,可以表现在很多事情上,我爱惜公物,表示我的品德比他富有;我常说几句好话,我的善良比他多些;我们常常微笑待人,我们的欢喜心比较多;我重视礼节,"向你说请,跟你对不起、谢谢你",我的慈悲增长,比财富的增加还快;我总想到与你结缘,为你服务,我的愿力比你大……所以,今天的工商社会,不一定从金钱上来竞赛,不一定用洋房、汽车、珠宝来比富裕,精神上的快乐、心理上的富有,才是真正富有的人生。

(四) 要有忏悔向善的精神

佛教不计较过去,无论过去犯了怎么样的罪恶,只要一念回心向善,"放下屠刀,立地成佛",一个"悔"字,就是最大的福根。我们的身体脏了,可以用水洗净;心里污浊了,可以用忏悔法水涤清。

不断地忏悔,可以不断地净化,佛经上说:"犯已惭愧,发露忏悔,名为勇健得清净者。"我们要做一个勇健清净的佛弟子,去除贪瞋痴慢的种种病态。

今天农工商的社会需要因果,需要五戒,需要感恩,需要忏悔,需要用这些来治疗我们内心的病苦,健全我们的人生。

三、教育道德的病态与疗法

现在台湾的社会道德逐渐式微,学校和家庭的教育也有很多病态。记得我幼小的时候,在外面跟人家争吵,被人欺负了,回家后,父母还会再责罚我,然后带我到对方家里去道歉。现在的社会风气就不同了,有些儿童在外面被人家打了,吵架了,回到家里一哭诉,做父母的就会怒斥:"哭什么,没用的东西,你怎么不把他打倒。"然后带着孩子找对方兴师问罪,这种童年教育的护短病态很普遍。

过去小孩在学校里顽皮,被老师打手心,挨打以后,回家还不敢讲,因为讲出来会再挨父母打,被父母带到学校向老师道歉,拜托老师再多多严格管教。但是现在学校的老师打了学生,就不得了,做父母的立刻找校长告老师,甚至告到市议会,告到教育局,告到法院,这样的家庭教育,怎能不百病丛生?

青少年教育的病态也很严重,其中最祸国殃民的是升学主义。在升学主义挂帅的今天,"升学升学,多少罪恶假汝之名以行之"。它不但埋没了个人的性向与禀赋,造成选才制度的僵化,而且阻碍了学生兴趣与情绪的发展,使学生缺乏生活上的适应能力,甚至牺牲了个人价值与尊严,产生学非所用的弊病,间接毁掉了青少年宝贵的一生。

现在的人，生了一个漂亮女儿，有许多男孩追求，父母就高兴，认为面子光彩，连带地助长了少女的虚荣心。儿子念大学，还能摆地摊、拉保险赚钱，自己买车，父母很高兴，认为儿子有办法，无形中加深了他的功利心态。像这样只注重虚荣和功利，而不教育他们真正做人处世的道德情操，这样的社会教育，能不病态深重吗？

从儿童到青少年，从青少年到大学生，从大学本科生到硕士生、博士生，我们今天的学校教育病态是：

第一、只重知识不重道德——看分数，不看品格。

第二、只重功利不重精神——争名利，缺乏胸襟气度。

第三、只重接受不重思维——能灌输，不能启迪。

第四、只重个人不重利他——自私，不肯牺牲奉献。

上面这些教育道德的病态，可以从很多小地方看出来，例如各级学校很少有至圣先师孔子像，儒家之学不能普遍于社会，有关单位常常举办纪念毕加索、纪念猫王、纪念贝多芬、纪念爱迪生等活动，却很少纪念玄奘大师、鉴真大师或民族英雄，由此可以看出缺乏对中国历史古圣先贤见贤思齐的道德教育。教育界普遍弥漫着功利风气与乡愿心态，直接间接戕害了我们的下一代，这是很严重的时弊。

针对这些病态，可以用下列方法来治疗：

1. 以鼓励代替责备：年轻人意气盛，经常率性行事，对于他们的缺点，人们要多包容，用鼓励来劝勉向上。春风怡人，总比酷暑炎风熏人好。

2. 以慈爱代替斥骂：温言爱语胜过严斥厉责。像仙崖禅师感化夜游弟子,就是很好的例子:有一个徒弟常常夜游,三更半夜爬梯子翻墙外出,被仙崖禅师知道了,就把梯子撤掉,在墙下等候。徒弟夜游回来,翻墙而下,没有注意到梯子不见了,一脚踩在仙崖肩头,顺势跳下,站定了一看,糟糕!刚刚踩的不是梯子,是师父呀!这下子徒弟慌得不知如何是好。仙崖禅师不怒也不骂,只是殷殷叮咛:

"夜深露重,小心着凉了,快回寮房睡吧!"

天大的祸患一言而解,这位弟子感受到仙崖的关爱,从此不再逾越本分,成为一名恪守清规的徒弟了。教育,不就是以慈心化导戾气,以爱心平伏干戈吗?

3. 以关怀代替放纵:过分溺爱,不依法理,容易形成放纵与姑息,不但不能达到正面教育效果,反而使青少年走上歧路,形成偏执的性格。只有在清明的环境中,才能培养清明的子弟;在关怀的气氛里,才有宽怀大度的人才。

4. 以同事代替隔阂:同事,就是设身处地,凡事以他的立场为他着想,不端架子,不闹意气,视之如兄弟姊妹。像有名的海伦·凯勒女士,因为是个盲聋人,脾气很坏,后来遇见了一位懂得教育的良师,用同事心与她相处,视她如己,同甘共苦,她难过就跟她一起难过,她睡地上就跟她一起睡地上,完全与海伦·凯勒无隔阂,无私无己,最后终于感化了海伦·凯勒,教育她成为一代伟人。

我们教育子女,不是只教他们怎样努力考试、赚钱,应该教导他们如何做人,如何处事。我们要灌输他们因果观念,教他们认识因缘,有慈悲的精神,有道德的行为,使他们学会尊重自己,热爱别人,进一步爱社会、爱国家。

四、健康养生方面的病态与疗法

今天的社会里,越来越多的人过着晨昏颠倒的生活,晚睡晚起,熬夜作乐,吃宵夜成了习惯,早餐反而不吃,使肠胃在该休息时得不到休息,该进食时得不到养分,而伤害身体。很多人因为忙,或为了省钱,常常以方便面或罐头食品果腹,忽略了营养价值,毁坏了身体机能。也有很多职业父母工作繁忙,下了班不想煮饭,三餐两顿都上馆子打发应付,加上交际酬酢不断,使台湾处处餐厅林立,吃喝风气惊人,连带地形成肝病、肥胖、胆固醇过高等现代病。今日的经济生活提高了,精神生活却不见提升。很多人一出门即以车代步,使得街道壅塞,尾气呛人,影响环境质量与心理健康。周末假日宁可在家里穿凹凸拖鞋,踩健身器,或到酒廊饭店听歌跳舞,而懒得去青山绿水中徜徉,如此离大自然越来越远,健康自然走下坡路了。很多妇女不耐烦做家务,喜欢出去跳土风舞、慢跑、练瑜伽,吃补品健身,或打针减肥,实在是舍本逐末,不正确的养生之道。

尤其今日社会处处吃喝成习,菜式花样不断翻新,东西杂脍,满街横陈,似乎中国文化的精髓只在"吃"上。过去流行吃猴脑,现在吃虎肉、狮肉、鼠肉、蛇肉、狗肉,几乎什么都吃。这种吃法,对健康养生究竟有多少益处?

针对这些不如法的饮食生活态度,提出四点疗法:

1. 正当的饮食:饮食定时定量,使内脏均匀清爽,是养生第一诀。《梵摩难国王经》说:"夫欲食,譬如人身病服药,趣令其愈,不得贪着。"意思是说,我们吃东西如吃药,是吸取其中的养分,保护身体不出毛病,不应贪爱而暴饮暴食。所以在寺院的斋堂里,有

"食存五观"的偈语,其中第四观就是"正事良药,为疗形枯"。

2. 正当的情爱:不正当的情爱,会使我们身心烦恼。佛教不提倡私情乱爱,鼓励法爱与道情。我们要有奉献的感情、慈悲的感情、法乐的感情,也就是真理的、快乐的、般若的感情。

3. 正当的工作:正当的工作,是积极性的,有利于社会大众的。很多人觉得工作辛苦,有压力,那是因为把工作当成赚钱途径,沽名之道。如果在工作里蕴含了慈悲喜舍,供养了佛心法味,"给人信心,给人欢喜,给人方便,给人服务",把工作当成法布施,工作就很快乐了。

4. 正当的生活:对于衣食住行,一切都要合法,不徇私、不邪僻,正正当当地过日子。佛教讲修行,就是在生活上修,在行为上修,一直修到身心私密处。像昭引和尚毕生以化缘度众,专门化缘生活上的陋习。遇到爱发脾气的信徒,就说:"居士,怒气由瞋心而来,瞋心源于无明,我来跟你化缘,你把瞋心和无明给我,我来替你发脾气,你来享受我的宁静好了。"于是昭引和尚就学那信徒的样子,大发脾气一场,信徒看了,十分惭愧,脾气就改好了。

听说信徒的儿子很贪睡,令父母忧愤交加,不知如何改正,昭引和尚就到信徒家,把贪睡的儿子摇醒:"起来起来,我化缘你的睡觉,你把睡觉给我吧。"于是他上床蒙头大睡,睡醒了叫那儿子准备饭食,吃完又睡,这样睡了吃,吃了睡,睡了吃,吃了睡。那儿子看在眼里,好像透过镜子看见自己,终于觉悟了。

听说有夫妻吵架,他去化缘吵架,一顿火爆毛躁,化解了双方的戾气;信徒贪酒,他去化缘,代他喝酒,伤身伤神,使贪杯者深自警戒,幡然悔改。

昭引和尚以身作道场，牺牲奉献自己作信徒的镜子，感化许多信徒过正当的生活。这种舍身感化，是很不容易的范行。

除了健康要如法，养生更要如法。以下提供四个方法：

1. 正当的行为：行为端正，胸襟宽大磊落，少有烦恼忧愁，是养生的正途。

2. 正当的语言：经上说："行怨得怨，骂人得骂。"又说："祸从口出，千殃万罪，还自缠绕。"言语不正当，就像汽车轮胎没有定位好，行驶在任何平稳的路上都会颠簸，徒然增加生活里的怨尤。口齿清净，不说粗言恶语，才能修身。

3. 正当的做人：做人，宁可正派而不足，不可邪恶而有余。不贪取五欲六尘，不着五蕴三界，而有正当的人生观。

4. 正当的处世：俗云："处世无奇但率真"，这个"率真"，就是"心净则国土净"，我们如果能以佛法治心，以佛法养生，处世自然圆融无碍，所谓"浮云任来去，明月在天心"，就是如法的境界。

面对社会各种的病态，我们要能在日常生活中，多给予家人、朋友及周围的人帮助，让他们的心灵能得到一些营养，增加一些生活的福缘，那么，社会病态自然能够减少一点，我们的社会就更和乐安详了。

1985年4月讲于高雄中正文化中心

佛教对心理病态的疗法

佛教相信生命是不死的,我们的心是永远存在的。
心,是人类的主宰,这颗永远存在的心,必须爱护它,
不能让它被贪瞋痴慢的病魔侵蚀,成为病心,成为坏心。

在这个世界上,和我们最亲近,关系最密切的,是我们的心。即使我们的身体死亡了、毁灭了,这个心也不会死,如云聚成雨,雨水流入地表,汇成湖泊海洋,接着又蒸发成为云层,云又降成雨一样,虽然云雨、湖泊、河海的形相不同,但水本身却是不增不减,循环不灭的。

人,时而天上人间,时而地狱、饿鬼、畜生,所谓五趣流转、六道轮回,尽管马腹牛胎,千种万变,而我们的本性、自性,却是永远不变的。好比一段树材,可以将它做成桌子,做成椅子,做成窗框,做成栋梁,虽然形状都不一样,但是木材的本质却是不变的。譬如黄金,你可以做戒指、手镯、耳环,做成种种器皿,形状虽不同,但黄金的本质却是一样的。人的身体终究会死,但生命的本质——心,是死不了的。如同木材燃烧,前一段木材烧完,还有后一段;一根接着一根,借着一根根的木材,火可以燃烧不熄,身体如木材,一个身

体死了,换一个身体再生,一个一个身体尽管循环生死,生命之火却可以一直燃烧下去,轮回不绝。佛教相信生命是不死的,我们的心是永远存在的。心,是人类的主宰,这颗永远存在的心,必须爱护它,不能让它被贪瞋痴慢的病魔侵蚀,成为病心,成为坏心。否则在流转轮回的过程中,这个病了、坏了的心,就不能在人间天上流转,必须到地狱、畜生轮转,实不可不慎。我们要治好这病态的心,必须用真理和慈悲的法水去调伏,让它在人间天上安住,在佛菩萨和圣贤的境界里,永恒地常住。

佛陀在舍卫国说法时,感化了一位青年发心出家,跟随佛陀听经修持。五年以后,年轻的比丘得到佛陀的嘉许,到深山里精进修行,大家也为他欢喜祝福,没想到不到三个月,年轻的比丘却垂头丧气回来了,他满面风尘,拜在佛陀脚下不肯起来。佛陀慈祥地问:"为何这么快就回来了?"

青年比丘嗫嚅回答:"佛陀,自从离开您以后,我一直精进修行,但始终无法证果,我觉得自己无能,决定中止修行。"

"比丘啊!"佛陀和蔼垂示:"你既然信奉我的教法而出家,为什么不让人敬佩你是一位精进者,反而让人唾弃你呢?你前生是个精进努力的人,很多人因你的精进而存活,为什么今生却要舍弃这可贵的精进心呢?"

"佛陀,我前生如何精进呢?"

佛陀述说了一段他过去的因缘:

从前,有一位青年商人组织了百余人的商队经过沙漠,因为白天酷热,沙漠被太阳晒得烫脚,不能行走,他们只能在夜间赶路,天亮就得搭棚休息,等到太阳下山,大地冷却后,再继续跋涉。当他们一行人昼伏夜出，快要走过沙漠的时候，领队的青年商人向大家说："明天就可以走出沙漠了，今晚吃过饭后，大家不妨把水尽量饮用，不必保留，负担减轻了，也好早一点离开沙漠。"

大家很高兴地照着他的话去做，有人干脆用水洗澡，把水洗光了。夜里动身后，青年商人因为连日疲劳，不知不觉中呼呼大睡，没有发现牲畜走错了路，等到一觉醒来，仰望星宿，才发现方向错误，赶紧率队转头，已经来不及了。不久天亮，太阳上升，大家惊恐起来，纷纷怨恨青年商人，担心人畜无水，熬不下去。青年商人心里虽然很着急，却仍然镇静地四处寻觅水源，终于奇迹似地找到了一堆青草，他高兴地要大家跟他一起掘水，想不到掘了几尺深后，却掘到一块大石头，大家都失望地放下锄头，颓丧地叹气，任凭青年商人怎么鼓舞，怎么劝慰，都没有人肯再挖下去了。这时候只有一个童子举起锄头，和青年商人一起在烈日下挥汗挖掘，两个人埋头苦干，终于挖出了清泉，使大队人畜获得水喝，熬到晚上，安然离开沙漠。

"比丘，那位勇敢的商人就是我，帮商人把岩石打碎，努力挖掘的童子就是你。过去你能精进不休，让大家得到水喝，为何现在反而放弃修持，不愿给大家真理的法水呢？"

经过佛陀慈悲的开示后，年轻的比丘生起惭愧心，发愿绝不退转，继续精进修行，最后终于证得阿罗汉果。

这一段故事，说明了因缘苦空都在一念之间。青年比丘追随佛陀求道的时候，能息去妄念，放下世间种种羁绊，心里专注，得大精进；后来离开佛陀，心中无主，种种放不下，割不去，停顿了修道的脚步。青年商人要大家舍弃负累，是心理作用；因疲倦而迷途，是心理作用；童子努力掘泉，也是心念意识的作用；种种成败得失，无不在心理作用的有无。

我们在修道路上，时常会受到贪瞋的遮蔽，被无明误导，语云："直是本来无一物，青天白日被云遮"，妄心一起，幻相即现，种种受想行识就危殆了。对于一个佛弟子来说，环境不是障，生灭不是障，真正的迷障是心田的一起心、一动念。

《华严经》说："心如工画师，能画诸世间。"我们的心灵，如同工于绘画的艺术家，人生的善恶美丑尽在笔下，所谓"三界唯心，万法唯识"。我们的心如工厂，好的工厂出产好的产品；坏的工厂只会冒黑烟、排污水，造成环境污染。管理工厂很难，管理自心更难；我们的心，是好的工厂，还是坏的工厂呢？就看我们对自己的投资有多少，如何增加三慧的设备，如何消除七垢的污染，让心识健全，百劫不侵。

人的活动空间是有限的，身体的使用也是有限的，心的活动却是无限的。通常说：光，是世间最快速的东西，一秒钟的光速可以高达近30万千米，但是心更快，心的一念"上穷碧落下黄泉"，一念之间，天堂地狱来回无数次，《大集经·贤护分思惟品》云："心有想念，则成生死；心无想念，即是涅槃。"对于这么活跃、快速的心，这么容易支配我们生死的心，我们要好好地关注，好好地照顾。

《佛说造像量度经》云："佛说一切法，为治一切心；若无一切心，何用一切法？"身体上的疾病，不脱"老、病、死"，心理上的疾病，不离"贪、瞋、痴"。如何治疗心理上的贪瞋痴呢？兹就四个比较严重的病态，提出其对治的方法：

一、损人不利己的病态与疗法

何谓损人不利己?就是不但伤害别人,同时也对自己没有好处的,这种病态通常以四种面貌出现:

(一) 幸灾乐祸的心理病态

一般人总有某些幸灾乐祸的心理,看到不好、不幸的事情,心里窃窃私喜,毫无同情心及恻隐心,这就是病态。例如看到什么企业倒闭了,我们不但不同情,反而故作先知状:"哼!我早知道它会倒闭,倒得好,罪有应得嘛。"看别人跌倒了,嘲笑他:"哎呀,像个不倒翁,很好玩。"这种唯恐天下不乱的幸灾乐祸心理,都是病态的一种。

(二) 同归于尽的心理病态

有些人,自己没有本领去创业,去发展,见到别人创业、发展,心里就不喜欢他成功。以佛教来说:做一个与世无争的出家人,很难!做一个无沾无染的法师,做一个弘法利生的布教师,更困难!你很会演讲,马上有人批评:"瘌和尚说法,能说不能行,光是会说,不会写文章,有什么用?"

你努力写文章,以文字弘法,讥笑你的声音又来了:"光是会摇笔杆,有什么用?雕虫小技而已,又不懂修行。"

你精进修行,他又摇头撇嘴:"有什么了不起,只会修行,不会办事情,没有策划执行的能力。"

当你办了几个大规模的法会,替佛教开创了新风气以后,冷言冷语又飞来了:"那个法师有什么能耐?虽然会办活动,不过像英语、日语这些外国语,一句都不会说,有什么用。"

当你能够用外国语言应对交谈了,人家骂得更难听:"这个和尚,明明是中国人,却不讲中国话,会讲几句英语有什么了不起。"

所以,不管你怎么做,做来做去,都是一个"没有用"。这种心理就是这样:你怎么好都没有用,我没有用,你也不要想有用;你也没有用,大家都没有用,同归于尽好了。

我在高雄建设佛光山,不断地遇到困难,尤其是购置土地。因为地主不是佛教徒,不喜欢佛光山,出再高的价钱给他,他也不肯卖。我的弟子慧礼法师,和山下老百姓的感情很好,有人建议他,有个办法可以把土地买下来,就是要他假装和佛光山有仇,跟地主说:"现在我被佛光山赶出来了,没有地方去,我想跟你们买一块土地,盖个寺庙,和佛光山斗一斗、对一对。"那人认为:只要慧礼法师义愤填膺地这么一说,地主就会把地卖给他。厚道老实的慧礼法师听了以后,吓一大跳,立刻合掌谢绝:"阿弥陀佛,出家人不打诳语,阿弥陀佛。"

(三) 以折磨人为乐的心理病态

有些人以折磨别人为乐,越是让你为难,让你痛苦,他越觉得得意。有一位从美国南加州大学回国的教授,到户政机关办土地手续,他一大早从高雄赶到屏东,承办员说:"这要验户口簿,户口簿呢?"这时他急忙坐车赶回去拿,一个多小时以后满头大汗赶回来,承办员慢吞吞地看着户口簿,说:"请出示身份证。"身份证也要?怎么不早讲呢?这位教授看看表,快中午了,只好先打长途电话向学校请假调课,再坐车回去拿,等到下午拿回来,以为可以办成了,想不到承办员又问:"咦,你户长怎么没有印鉴证明?这样不行的。"这位教授跑了一次、二次、三次,跑得头昏脑涨,承办员却显得洋洋得意,这就是"以折磨人为快乐之本"的病态心理。

(四)损人为己的心理病态

有些人不肯舍己为公,不屑参与公共建设。比如大家做好事开路,被他那一小块地堵住了,怎么说他都不肯捐出来;政府要盖一栋公益大楼,偏偏被一小块畸零地切割了,地主硬说那块 10 平方米大小的地是畸零地,绝不肯合建。只顾自己利益,不顾大众利益,这就是损人为己。

有人到寺庙礼佛,带了些鲜花、水果、饼干等供品,到了坛前一看,佛祖面前已经摆满了别人的供品,这时候他把别人的供品摆到一旁,把自己的供品摆在正中间。这样的做法,佛菩萨会喜欢吗?还有人到寺庙去诵经、超度,立了个牌位供在那里,隔天一看,别人的供品摆了一大堆,摆过界了,他马上心里不高兴:"怎么可以把你的供品摆在我供的牌位前面呢?"就把别人的再挪回去,这样的做法,相信佛菩萨也不会喜欢。其实,供养诸佛菩萨,在于虔诚一念上,只要你心到,放在哪里都一样。分别你我,争功抢位,不但不是佛教徒应有的做法,而且是一种既损人也不利己的病态。

这些损人不利己的病态,应该如何治疗呢?以下提出四个对治的方法:

1. 与人为善:给人方便,就是给自己方便;只要能有利于你的事业,有利于你的前途,能助你向善向上,帮助你进步,我就助你一臂之力。

2. 和人随喜：给人欢喜，就是给自己欢喜。有时嘴上说两句好话，做随口的欢喜；帮别人做一点事，指引一条路，就是随手的欢喜；别人做好事，做功德，我没有力量做，没有关系，我跟你微笑，赞叹你，用微笑来随喜，甚至口不会说，脸不会笑，但是看到你做好事，我打心底喜欢，都是随喜的欢喜。

有人认为，到寺庙里祭拜，要做功德、添油香，必须出钱出力，这种想法是错误的。我认为一个佛教徒，出钱是最低的程度，比出钱高一点的是出力，比出力再高一点是说好话、做好事、存好心。别人作佛事添油香，我虽然没有钱没有力，但我心里虔敬欢喜，真诚护持，这个功德，跟出钱出力一样大，甚至比出钱出力更大，因为在佛教里面，心力比金钱力气还要大。《华严经》中"普贤十大行愿"，其中的第五种广大行愿，就是随喜功德。

3. 凡事随缘：凡事随缘，自然更得人缘。所谓"欲成佛道，先结人缘"，结缘是为自己学佛铺路，是给自己方便。你处处结缘，时时随喜，不求安乐，安乐自然会跟随你。

4. 遇事服务：遇事服务，自然就得到多助。我为你服务，消除三劫诸烦恼；我为你服务，消除傲慢自大的骄心；我为你服务，断离一切利养名闻；我为你服务，不分别内外法，不动受想行识；我为你服务，给你欢喜，给你快乐，这不是菩萨道吗？

所以说，损人利己的心理病态，源自心的贪欲、虚妄分别，源自心的颠倒想，心的欺瞒念。心病还须心药医，只要坚持"但愿众生得离苦，不为自己求安乐"的道念，日修月省，自然能断贪瞋痴，洗涤心垢，成大自在。南岳慧思禅师有一首偈："道源不远，性海非遥,但向己求,莫从他觅。"就是对治心理病态的基本法门。

二、信坏不信好的病态与疗法

人类有个愚痴的劣根性:凡事相信坏的,不相信好的。比方说,我们到医院看病,医生一检查,说:"你没有病啊。"你会想:"这个医生不高明,怎么会没有病?我明明这里痛,算了,换一家看吧。"换了一家检查,医生说:"哎哟!不得了,这个病很严重,要住院治疗。"这时候你就相信了。医生给你药吃,不花钱的药,太便宜的药,你认为没有价值:"这么便宜,哪里有用呢?"药越贵,越认为有用:"2万元的药,不好才怪。"这就是信坏不信好的病态。在佛光山,多少年来,常常有人问:"您有什么困难吗?"照理说,只要我们好好地广结善缘、弘扬佛法,实在没有什么麻烦的事,但是,就有一些别有用心的人,向政府一次一次地投书,一次一次地检举,蓄意打击佛光山。过去,有一个人说佛光山建了那么多寺院,钱是从哪里来的?那些钱都是共产党帮助的。这种话伤害到我没关系,但是,佛光山是几十万信徒点点滴滴捐献建成的,他把几十万信徒的功德金,说成是共产党的钱,伤害了几十万信徒虔诚护法的心,我觉得很对不起信徒。

政府不准民间私藏枪械,因为枪械会扰乱社会秩序,佛光山是纯粹的佛教道场,竟然有人检举佛光山藏枪200多枝,佛光山连200条棍子都没有,不要说200枝枪了;还有人批评:"佛光山星云大师是政治和尚。"我建设佛光山,从1967年开山就申请寺庙登记,一直到1977年才申请到,前后耗了11年,才把这个小手续办成。我一次又一次失败,没有关系;有人建议我:"这个很简单,您只要拨个电话，找一位长官帮忙就行了。"但是我不要，为什么？我说："我当和尚是一辈子的，总有一天会办成。"

有的信徒建议我："佛光山可以向政府申请补助费，装路灯，盖厕所，何必自己出钱呢？"我完全没有请求政府给我补助，为什么？我们佛教为国祈福，为社会弘法，有成千上万的广大信徒支持我们，还向政府开口要钱吗？像我在高雄三十多年了，除了有一次高雄市政府请我去讲演，此外，从未跑过高雄市政府，这是"政治和尚"的做法吗？

我们的教主释迦牟尼佛，当初也和一些国王来往，如波斯匿王、频婆娑罗王，都是佛陀的弟子，我们能称他为"政治佛陀"吗？玄奘大师、鸠摩罗什大师为了使佛经广为流传，也曾在皇宫里翻译经典，他们都是"政治和尚"吗？

佛光山的法师遇到选举，收到投票通知单，当然要去投票。为什么？因为我们缴税，我们关心国家，我们要选贤与能，尽国民的权利与义务，投票被照了相，就渲染成"和尚投票，和尚参与政治"，投票就是"政治和尚"吗？当海内外的政要、名人仰慕佛光山，远道前来参观访问时，我们不能不接待，以尽地主之谊，新闻传播出去，就变成"政治和尚"了。那么，我们接待核能专家，照一张相，是不是成为"核能和尚"？接待一批医学人士，消息传开，是不是又叫"医学和尚"？我们也曾接待几位美国航天员，算不算"太空和尚"？这种信坏不信好的病态，间接破坏佛教的声誉，因果昭彰，是会有报应的。

佛教徒如果没有坚定的正信，存了信坏不信好的心理，一碰到流言蜚语，也会被污染的。我出家以来，就是为国家社会奉献，为佛教与大众舍身舍命,可以说"来为众生来,去为众生去"。如果我为社会尽心的一面大家不相信,我为佛教和大众舍身的努力,几本杂志、几句谣言,就能破坏、否定,这不是我个人的悲哀,而是我们社会的悲哀了。

对于这种信坏不信好的疗法,提出以下四种药方:

1. 往好处想:世间上没有绝对的好与坏,那是立场不同、观念不同,所引出来的歧异。心好,看世间都是美好的;心不好,贪欲炽染,看世间就不好。下雨了,坐在车里的人觉得雨景很美,路上淋雨的人却在抱怨;对于任何人事,往好处想和往坏处想,可以有天壤之别。

有三个信徒活得很痛苦,向无德禅师求快乐法门,禅师问他们:"你们想得到什么才会快乐呢?"

甲信徒说:"我如果有钱,我就快乐。"

乙信徒说:"只有爱情才会让我快乐。"

丙信徒想了想:"我要有名誉才快乐。"

无德禅师微笑问道:"你们有了金钱、爱情和名誉以后,烦恼忧虑会不会随之而来呢?"

三个信徒一惊,相顾失色,答不出话来。

无德禅师哈哈一笑,开示说:"金钱要布施才有快乐,爱情要肯奉献才能快乐,名誉要用来服务大众,才会觉得快乐。你们为什么不往好处去想,只往坏处想呢?"

"烦恼海中为雨露,无明山上作云雷",观念一改变,因缘果报就不同了。所以,我们看这个世界要从好处去看,这个唯识的心,可以把大地山河变成净土。用圣人的眼光来看,满眼都是圣人;用小人的心理来想,个个都是坏人。

2. 往远处看:人,往往短视近利,只顾眼前,不顾将来,只见实惠,不见因果。为了升官发财,不惜日夜酒食酬酢,弄坏了身体,得到的不过是虚名与泡影。过去,唐肃宗曾经向南阳慧忠国师请求开示,说了半天,禅师看都不看他一眼,肃宗很生气,就诘问:"我是堂堂的大唐皇帝,你居然不看我一眼?"

慧忠国师反问:"皇上可曾看到虚空?"

肃宗抬手向空中一拂,说:"这不是?"

国师领首:"请问皇上,虚空可曾对你眨过眼?"

很多事,往远处看,都是一片虚空。看穿了,看透了,好坏的分野比较正确,也不会盲目地信坏不信好了。

3. 往真处察:什么是真的、假的? 什么是好的、坏的? 不要随便相信流言,要使是非止于智者。对于人我是非的处理方法,就是不听是非,不传是非,不说是非,是是非非奈我何。我们要有自主的生活,不要被人牵着鼻子走,人家说好坏,我也说好坏,这是一种病态。

4. 往同处解:遇到事情,尽可能设身处地,推己及人去想一想。因为道理不是一面的,是彼此的,大家互相认为对的才是有理。如果将心比心,先站在别人的立场去着想,可能有相同的解释:"这件事,换了是我,我会怎样?""如果我是他,是不是也这样?"这样一想,很多好坏都可以坦然接受了。

我们要努力做一个信好不信坏的人,天堂地狱的移转,都在这一念之间。

三、畏果不畏因的病态与疗法

佛教说："菩萨畏因，众生畏果。"觉悟的菩萨慎于始，毫末小恶不敢违犯；刚强的众生放恣身口意业，只有看到报应现前，才开始畏惧悔恨。你可以天不怕，地不怕，但因果不能不怕。一般人畏果不畏因，一方面由于因是隐微不可见的，另一方面也由于"不见棺材不掉泪"的病态心理作祟。像监狱里的犯人，十个有九个在案发前肆无忌惮，心想：逍遥法外的罪犯那么多，不见得就我倒霉，正好在作案时被逮到。等到事后被捕了，才悔不当初，有什么用？过去，舍卫国有一个大财主，名叫提婆，爱财如命，不但多方聚敛，而且连一件极小的公益都不肯做，家藏8万余斤黄金，日常生活却过得和穷人一样，人们对他的印象坏极了。他死后，没有子孙继承，依照法律，财产全归国有，这下子人心大乐，不免议论纷纷。舍卫国的波斯匿王觉得疑惑，去请教佛陀："佛陀，像提婆这样悭吝的人，为什么他今生会这么富有呢？"

佛陀微笑回答："大王，这是业报，是有前因的。提婆过去世中，曾供养过一位辟支佛，种了不少善根，所以感得多生多世的福报。今生的富贵，是他最后一次余福了。"

波斯匿王追问："他今生虽未行善事，但也未造恶业，在他生死相续的来生，能不能也像今生的大富呢？"

佛陀摇摇头："不可能了，他的余福已享尽，今生又没有布施种福，绝不会再享受福报了。"

这就是"善恶到头终有报，只争来早与来迟"。我们不要以为因果无影无形，隐而不显，就忽略了业报。畏果不畏因的心理，实在是一种病态。

对于这种病态心理,应如何防范治疗,弭患于无形?有四种方法可以对治:

1. 诸恶无染:须知小罅可以溃堤,微隙可以伤谊,防微杜渐,始能弭患。我们要有一种戒律心,"勿以恶小而为之,勿以善小而不为"。对五欲不贪不拒,对六尘不染不着,远离一切恶因恶缘。

2. 诸行无私:一切行为,不自私,不自利,可以避免很多因果的障漏。曹山和尚说:"出语直教烧不着,潜行须与古人同",就是一种对世间不厌不求的态度。

3. 诸心无住:很多信徒入佛门,是为了生脱死而来,但是在修行的过程中,却不能真正断灭人我,看破生死,结果徒然虚有其表。经典梵呗朗朗上口,道理能讲一大堆,真正的思想却不通,持戒也不严。《金刚经》云:"应无所住而生其心。"就是说:"了知无心处,自然能得度。"我们要以菩提心来长养慧命,慧命有了,自然知道畏因畏果。

4. 诸情无执:人是感情的动物,常常因为一时的感情起伏,种下因缘,贻祸半世,像韦应物的诗:"水性自云静,石中本无声,如何两相激,雷转空山惊。"感情太浓,风波多;感情太淡,还是有风波。最好不执不舍,用中道的智慧来调御,能"照见五蕴皆空",才能"度一切苦厄",度越感情因果的险恶风涛。

因果,不仅是观念上的通透,更要靠行为的印证,没有造恶因,就没有恶报,谁也违背不了因果的规则。我们应要多多行善积德,畏果亦畏因。

四、信假不信真的病态与疗法

世间各种事物,多为表相,似真实假,一般人参不透,常常误以为真。譬如一束鲜艳的花束,明天凋谢后,成为一堆枯枝烂叶,才出现它真正的本质。但眼前看不出、想不到,如果跟别人说:"不要相信你的眼睛,这些鲜花不过是一堆烂枝叶。"他必然是不相信的。

一般信假不信真的病态,至少有六种:

1. 相信五欲六尘,不相信真如涅槃:有些人认为,世间五欲六尘的快乐是真的,认为财、色、名、食、睡,以及色、声、香、味、触很重要,有了它就会快乐,对于真正重要、真正快乐的真如涅槃,反而不相信。释迦牟尼佛最初成道时,第一个念头是要证入涅槃。为什么?他说:"我所证悟的道理,与世间所想的、所要的恰恰相反。世人所沉迷的快乐,我看来是苦的根源;世人求取的五欲六尘,我认为都是假的;我印证的真如自性,是世间唯一的真理,人们又不相信。"所以我们要清楚明白地活着,知道五欲六尘是会迷惑我们、欺骗我们的,不要再被它蒙蔽,不要陷入贪瞋痴的苦海里,到最后一无所得。真正的真如涅槃,是自己的心,必须好好珍惜它。

2. 相信地理风水,不相信自心功德:人类心理上有个病态,对于自己不知的未来,常常盲目臆测,迷而信之,容易被神权控制。比方说,看风水地理的人断言,你的房子方向不正,对子孙不好,于是改造门,改造墙,弄得鸡犬不宁。一般的道路都有市政规划,这排房子,都是面南的方向,那条街屋,都是向东建,这排房子有人赚钱有人赔本,那条路有人升官有人倒霉,这不能怪风水,要看自己的经营方法好不好。我们不应盲目相信地理风水,真正的地理风水在哪里?在我们的心里,所谓"日日是好日,处处是好地",只要你的心好,什么都是好,因为"一切福田皆离不开心地"。

建了佛光山以后,很多信徒误会我会看风水、看地理,都来找我去看风水时辰,甚至找我替他看相,替他算命。我一再告诉他们,这些我不会,他们都不相信。曾有人要我看结婚的日期,实在被缠得没有办法了。最后,我帮他选了星期天,到了那一天,很多人家都在嫁女儿娶媳妇,车来车往,好热闹,他就对我说:"大师好准哪!看这日子多好呀!"我心想,我明明不会看风水地理,不会择日命名,只不过选个大家都方便的星期假日罢了。

真正的地理风水师,是自己这个人。你觉得怎么样好,哪一个时辰好,哪一个地方好,那就是好,因为自心功德是大于一切的。

3. 相信吃喝嫖赌,不相信清净守道:我从小出家,过去常有人对我说:"好可惜噢,这么年轻就出家了。"我问他们何可惜之有?他们说:"不能吃鱼吃肉,不能谈情说爱,不能娶妻生子,好可惜啊!"且问:吃喝玩乐的日子有什么好呢?大限一到,万事成空。在尘世间,如果过的是贪瞋痴的生活,日日劳心伤形,日日爱染执迷,这才可惜了。

4. 相信金钱权势,不相信真理法财:近世社会风俗奢靡,重物质,轻精神,金钱权势的力量有时比真理法财大。几十年前,我到电视公司讲演,都录影好了,却不准播出,原因是和尚不能上电视。我说:"电视上不是常常都有和尚出现吗?"那位总经理跟我说:"那是演员扮的假和尚,真和尚不行。"这不就是信假不信真吗?

经过几年的努力,情况好转了,"教育部"颁给我们社教建设的奖状,"新闻局"给我们的电视弘法一座金钟奖,电视公司更主动邀请我每星期上电视讲《六祖坛经》等。过去我们上电视讲演一次,不但要付13万元新台币,还要替电视公司找20万元新台币的广告,才能播出一次;几年来,除了信徒赞助外,佛光山总共花了5 000万元新台币做电视弘法,我们只希望有更多的人蒙受佛法熏沐,传布佛陀的智慧。

5. 相信健康力量,不相信生命无常:很多人喜欢抽洋烟,喝洋酒,显示自己有身份地位。人家劝他:"这对健康不好呀。"他说:"怕什么,我健康得很。"你劝他:"生死无常,回头是岸。"他说:"没关系,我还可以活20年。"像这样,只相信健康力量,而看不透生死无常,真是傻啊!

6. 相信人我是非,不相信无争平等:很多人只相信口舌传言,不相信心灵善良。明明你很了解这个人,知道他善良,可是别人一造谣,挑拨你们的感情,你很容易就相信了。我们如果相信无争平等,拒绝人我是非,这个世界会清凉许多。

对这些信假不信真的病态,简略提出四个方法来说明:

1. 用正见来认识好坏:所谓正见,是如实地了知世间与出世间的因果,也就是正确地认识有善有恶、有业有报、有圣人有凡夫、有前生有来世;不要用私见、妄见、邪见去判断好坏。

2. 用般若来判断真假:般若是明见一切事物及道理的高深智慧,它不同于一般的世智辩聪;世俗的聪明智慧,有时候也会做错事。般若智慧,可以烛照一切真假善恶,所谓"黎山万迭波千顷,心境孤圆月一轮",尽管世间千烦万恼,真真假假,只要以般若映照,自然孤月心明。

3. 用法印抉择是非:讲真理必须合于"普遍如此、本来如此、必然如此、永恒如此"的条件。也就是说,一个道理必须是普遍如此,不能说在这里有理,在那里无理;在你有理,在他就没有理,这是不合于真理的条件。若能真正体验"诸行无常,诸法无我,涅槃寂静"三法印的人,必不会困于是非黑白。

4. 用空理体会有无：用空理才能知道真相、假相。《金刚经》说："凡所有相,皆是虚妄,若见诸相非相,即见如来。"我们的真如自性,等于虚空无相,也是无所不相,所谓"本来性即空虚是,自障尘因闻见多"。所以我们要信真,不要信假。

南岳怀让禅师曾经考问石头希迁禅师,一问一答间,正好清楚凸显出了心理的病态与疗法："如何才算是真正的解脱？"

"谁绑住了你？"

"什么是真正的净土？"

"谁污染了你？"

"什么才是真正的涅槃？"

"谁把生死给了你？"

吾人心的尘埃,心的病态很多,贪婪的毛病要用喜舍来对治,瞋恚的毛病要用慈悲来对治,愚痴的毛病要用智慧来对治,骄慢的毛病要用谦虚来对治,疑虑的毛病要用正信来对治,邪恶的毛病要用正道来对治。我们的心,一念三千,一念具足三千法界；一念慈悲助人,就是圣贤之心；一念嫉妒害人,小人之心立现。一念私心为己,成就有限；一念发心为人,功德无量。天堂地狱,六道轮回,是佛是魔,全在"一念之间"。

1985年5月讲于高雄中正文化中心

佛教对民俗病态的疗法

我们的信仰要有道德,要能消除烦恼,使自己能安心立命。
宗教的信仰必须使我们的生活有安定力,
增加做人的智慧、道德、勇气,这才是正当的宗教。

心理生病,要提出疏导的方法;社会生病,要提出治疗的药方。与我们生活最密切的民间风俗、习惯也出现了病态,我们应该给它一个什么样的治疗方法呢?譬如民间烧金银冥纸的风俗习惯,究竟合理不合理?

有人说:中国被三把火烧穷了:第一把火,是煮饭吃的炉火、灶火,宴客祭拜,天天烧煮,一年吃掉一条高速公路;第二把火,是鸦片烟毒,现在连儿童、少年都染上了吸烟毒的恶习;第三把火,是金银冥纸的泛滥,形成奢侈浪费的风气。

烧金银纸,多少年来已在台湾蔚成习俗,尤其台湾的庙观,烧给神明的金银纸,一大批一大批,几天几夜都烧不完。近年来,除了烧金银纸,更有烧纸扎的房子、冰箱,甚至有纸人、纸马、纸摩托车、纸汽车⋯⋯这当中,有人就是因为发生车祸而亡,在阳间因车祸而逝世,到了阴间,你又给他汽车,万一再出车祸,你要他往生到什么地方去呢?甚至许多的房子、人、马,你烧了以后,如果阴界的亡者真的能受用,但是你没有给他很多的土地,这些房子、人、马要安置在什么地方呢?这都是民间习俗惹人争议的地方。

其实,烧金银冥纸并非不可以,只是不要太铺张。西方人士认为以一束鲜花来祭拜亡者,表达生者的追念,是最庄严、合适的;我们中国人烧冥纸来表达心意,本无可厚非,但若是铺张扬厉,就值得商榷了。

随着时代的进步,对于一些民俗祭礼,也应该做一些适合现代的改良。例如提供奖学金赞助青年学子、帮助残疾人、布施社会公益、助印善书报刊等,以此功德回向神祇、冥界、先人,不是比烧金银纸更有意义吗?

除此,我们的民俗习惯还有很多病态,例如对于数字的迷信,对于婚丧的迷信,对于时空的迷信,对于信仰的迷信……这些都是病态,现在提出一些佛教的治疗药方来对症下药。

一、民俗数字的病态与疗法

中国有许多数字迷信的病态,许多人被这些数字吓得胆战心惊,甚至连西洋数字的迷信也全盘接收,无稽至愚昧的地步。

譬如四与死谐音,就不吉利;九有一个钩,钩就翘了,翘就死了,也不吉利。于是房屋没有 4 楼、9 楼,车子没有 4 号、9 号。如此一说,台湾儿童节是 4 月 4 日,是不是小孩子到那一天也会大死特死?西洋人迷信 13 日黑色星期五,谁碰上了就是触霉头,但奇怪的是,有名的音乐作曲家华格纳,却与 13 特别有缘,他的名字有 13 个字母,生于 1813 年,于 1883 年 2 月 13 日去世,写了 13 部作品……

但是他长寿活到70岁。

在节令上,也有数字的迷信。例如正月不可娶亲,腊月不能订婚,5月多差误,6月不到尾,7月娶的是鬼妻,9月狗头重,死某(妻)又死尪(夫)。这些说法是很吓人的。又有"善正月,恶五月"的说法,元旦要说吉利话,不能口角,不能打破东西;5月不修屋,不能晒床席。如果是因为节气的关系,期望人们"一年之计慎于始",或不在天湿雨淋季节修屋晒被,作为一种民俗教化,还能让人接受;但是因此心怀鬼胎,甚至疑神疑鬼自寻烦恼,就没有必要了。

另外,还有用数字骂人的习惯,台湾常用"三八"来骂人,称不正经的女人"十三点",这和扬州骂人"八折货"没价值,以及"二百五"是一样的。运用数字来表达意念,也没关系,但是被数字蛊惑束缚,这个不好,那个不好,造成心理上的不调适和生活上的不方便,反而不美。比方说出租车的牌号,有人不喜欢"48",因为"48"谐音"死吧",4848,死吧死吧,太不吉利;可是有些人却很喜欢"48"这个数字,因为有"48"的号码,去赌钱的时候"4848",就可以通吃、通吃了,一霉一吉,实在毫无道理。

在婚嫁习俗上,一般人相信差6岁是大冲,差3岁是小冲,差4岁最好,更无意义。男女白头相守,重要的是双方感情的亲爱体谅,同心同义的患难与共,年龄上差3岁、6岁,就能决定终生的吉凶祸福吗?

数字本身没有什么吉利不吉利,好坏、福祸在我们本身。我们不要被数字病态给传染,造成心理上的忌讳,要相信每一个数字都好,都无妨。如同利刃在手,医生用以救人,工匠削切成器,盗贼恃以犯罪一样，利刃本身没有吉凶，好坏只看人们如何使用。以下简单举例参考：

1. 一元复始、一鸣惊人、一劳永逸、一心不二、一真法界……一不是很精粹吗？

2. 两姓好合、二人同心、二为双对、二谛圆融、二重中道……都有不偏不离的意思，二不是很相合吗？

3. 三阳开泰、三贞九烈、三生有幸、三贤十圣、三学增上……都有特别殊胜的因缘。

4. 四通八达、四季平安、四海为家、四大调和、四恩总报……四有何不如意呢？

5. 五福临门、五子登科、五谷丰收、五戒均持……物物都有意义了。

6. 六六大顺、六度万行、六方礼赞……

7. 行事七平八稳、家庭七子八婿、情人七夕相会、信徒七财俱足。

8. 八面玲珑、八面威风、八仙上寿、八道共修、八功德水，都是八的善好。

9. 皇帝是九五之尊、宇宙是九天十地，凡事九九归一，甚至崇高到九品莲花、九品上生的境界。

10. 十全十美、十拿九稳、十方善信、十愿圆满……都很有崇隆的味道。

现在民俗对数字的病态都是没有科学根据，在日常生活里面，不要认为这个数字不好，那个数字不好。在佛教里面，没有一个数字不好，任何一个数字都是好的。我们对于数字，自己要有正确的观念,要寻找一个正义、真理的药方,来治疗对数字畏惧的迷信病态。

二、民俗婚丧的病态与疗法

中国民间的风俗习惯,病态最多的是婚丧喜庆。比方说,台湾社会的冥婚劣俗,一个女孩死去多年,身化枯骨肉成灰,将牌位娶回来,不能持家,不能养育,有何用呢?算命先生断言某人命里要娶两个老婆,他就娶一个神主牌位回来,以为可以从此无灾无病长生不老,假如神主牌位真有灵感,今天生气,明天吃醋,这家人还会安宁吗?

在佛教里,一个人过世了,会在七七四十九天中转世投胎受生,木板神位能拘留神魂不受生吗?在这种风俗下,一个男孩子生病了,以"冲喜"为名,把未婚妻快快娶回门,让活泼健康的人陪着半死不活的病者,万一男方有了三长两短,年纪轻轻的女孩就要守寡一辈子,忍受五六十年的孤苦、寂寞,这种婚姻公平吗?

民间习惯,嫁女儿要向男方大索聘金聘礼。女儿出嫁,应该选人才,选身家,让她终身有托才是,何必在聘礼上斤斤计较呢?借着嫁女儿的机会,敲诈聘金、聘礼,大捞油水,这就像是农村里养小猪,拍卖的时候,一头小猪3 000元、4 000元新台币地讨价还价,女儿出门像货物清仓,这是什么民俗?

做父母的,经常看八字为儿女撮合婚姻,以天干地支配合人的出生年月日推算祸福,让许多有情人不能成眷属,这是相当不合理的事。

又如十二生肖相克的忌讳,比方:

"白马怕青牛,鼠羊一旦休",属马的人不可以嫁给属牛的,属羊的和属鼠的在一起会两败俱伤。

"蛇虎如刀错,兔龙泪交流",属蛇的和属虎的在一起,就如同刀刃交割一般;属兔的和属龙的在一起,只有相看流泪,哀老一生。

"金鸡怕玉犬,猪猴不到头",属鸡的不可以嫁给属狗的,属猪的和属猴的在一起,就没有善终。

一个人先天属什么生肖,对他后天的发展应该没什么影响。有的人属蛇,不一定像毒蛇那么可怕;属老鼠的不见得就鼠头鼠脑,反而可能相貌堂堂、尊贵大方。生肖对一个人的人格、品德没有任何影响,为什么我们要迷信于生肖相克呢?

有人要讨老婆,问对方属什么?属虎?女方属虎,是母老虎;女方属羊,男方属虎,羊入虎口,不能嫁,这一来,大好姻缘就拆散了。一对恋人倾心相爱了多年,就因为这原因而双双投井自杀,这是什么道理?婚姻看生辰八字、生肖,这种病态不应该左右我们的人生,也不可能支配我们的祸福。在佛法里,这就是迷信。

又如"女儿出嫁忌有口袋,以免带走娘家财产"、"新妇忌用二块布缝,以防再婚"、"结婚日下雨,大丈夫为酒徒"、"第一次归宁遇生火煮炊,即占翁姑不和"……这些民俗,更是流于病态迷信了。

民俗丧葬方面,也有很多病态。譬如有些家庭,若有老人家过世,就赶快将佛像盖起来,怕死人的晦气触犯佛祖神明,这是错误的做法。因为人死了,更需要佛祖接引,怎可把佛像盖起来呢?还有人认为妇女怀孕时,不能念《金刚经》,认为《金刚经》很强、很厉害,胎儿会不保、小产,这也是错误的想法。《金刚经》是吉祥,是智慧,是光明,因此怀孕时更要多念《金刚经》。另外,家里的老人家去世了，儿女为他送葬，捧个牌位，还得打一把伞，其实这是不必要的。这个风俗的典故来自于过去满清时代，有些明朝遗民不喜欢做满清臣民，发愿"脚不踏满清之地，头不顶满清之天"，身死之后，要儿孙为他打伞，不愿头顶满清之天。现在时代不同了，还须打这把伞吗？

须要改良的丧葬民俗太多了，像我们常见到孝子戴孝，孝帽上有两个梅花球，这是古礼。过去做儿女的，遇到父母过世，哀心伤悲，没有心情问事，就将耳朵塞起来，表示我什么事都不要听；后世的子女哀恸渐减，就象征性地挂个梅花球示意，略表孝思。现代人生活步调繁忙，不可能像古人守丧三年，这种虚文缛节，也该改良了。

哭丧棒也不合时宜。古时山川险阻，交通不便，丧家的孝子四处报丧，披星戴月来回跋涉，脚走不动，用棍子支撑，所以有"哭丧棒"的流传，也是表示哀伤。现代人物质丰厚，传讯方便，可以有更好的示哀方式。

婚丧的礼仪，出自真心诚意的表现，有时候不必拘泥死守仪式，否则倒果为因，反而造作恶业。有一天，庄子看到一位妇人用扇子搧新坟，觉得奇怪，就问缘故，那妇人说："先生，您有所不知，本地风俗，寡妇要等坟土干了以后才能改嫁，所以我用扇子搧坟，希望它快点干，我就可以再嫁了。"

庄子料不到有这么一段因缘，冷冷回答："不必了，心里干就可以嫁了，不必等坟干。"

没有真心诚意的婚丧礼仪，徒具形式，有什么意思？

我曾经为信徒诵经送丧，见过民俗对丧家的纷扰：一家有丧事,亲友邻居纷纷献策,七嘴八舌,提出种种风俗习惯,弄得丧家无所适从。我也见过几个了不起的丧主,面对一团混乱的局面,他快刀斩乱麻的大喝一声:"请不要讲了,去世的是我的父(母)亲,请你们让我依照他们最后的希望去做!"

看地理风水,日期时辰,这也是不必要的风俗习惯。例如,新官上任,改大门方向,换办公桌角度……先后三任官,就改了三次门,换三次桌,依然是黯然下台,有何意思呢?入土时间定在晚上7点半,太阳都已下山了,大地一片黑暗,在阴森凄惨的坟场将亲人下葬,那种黑暗凄凉的情境,一生一世不能从心里拔除,死者不甘,生者不安,何必呢?

我开始建设佛光山的时候,很多人都说佛光山风水不好,劝我:"师父,找个风水先生来看一看吧。"

有的信徒自己去找风水先生,偷偷来帮我看佛光山的地理好不好。风水先生说:"山前有个高屏溪,水一直往外流,主漏财,钱财都会随水流去。"

信徒赶紧跑来告诉我,我说:"这个水不一定代表财,水是佛法,水往外流,表示佛法往外流,法水长流啊!"

从这个角度看,可以知道——地理是建立在各人的心中。现在很多人到佛光山来看,又说佛光山地理很好。不但有地理,还有地气、地运,什么山走龙势,阴阳和会,还用罗盘去量,这里怎么对得好,那里如何的相称,这一块地是兰花瓣的地,一瓣一瓣的跟山头的形势一样……怎么说怎么好。其实,依我看,不要说兰花瓣的地,就是枯草地也没关系,我一样可以建出佛光山。所以化腐朽为神奇,一切在于人为。

对于民间婚姻的病态,我提出一个根本上的治疗方法,青年男女的婚姻,只要真心相爱,只要彼此心甘情愿相守一生,这就够结婚的条件了。

对于丧葬的礼仪,也提出几点参考:

1. 不要虚荣:应尊重死者心愿。

2. 不要执着:诚意比虚节重要。

3. 不要铺张:庄严、哀伤、肃穆胜于吹吹打打。

4. 不要迷信:治丧,无非求死者安,生者孝,一尽哀思悼念而已,不必刻意造作。

5. 不要让死者和活人争地:现代的丧葬,动不动要买多大的土地,建多大的墓园,这是没有必要的。生前与人争地,死后还要与活人争地,这不是棺材里伸尺——死要地?东初法师曾经说:"人真是贪心,生的时候要地要地,死了以后还是要地。"他说:"我死了以后,不要土葬,最好把我烧化,骨灰放进海里喂鱼、喂虾,让无用的身体再和鱼虾结缘。"

6. 火葬最好:父母死后,再用火烧化,有的儿女总觉得舍不得,不忍心。可是,不用火化,让父母尸骸深埋土里腐烂发臭,任由虫蚁啃噬,难道就忍心吗?土葬要捡骨,从土里挖出来的骨骸,再良善的孝子贤孙都觉得腐臭,不敢接近;火化后的骨灰,你把它摆在床头跟你一起睡觉,都没有什么不好。怎样脏的东西,水可以洗净;怎样的破铜烂铁,火炼之后,又成为新器皿;家中供的佛像,诵的经书,不用了,就用火烧化,表示尊敬;同样的,腐朽死亡的身躯火化以后,成为更清洁的灰骸,岂不更好?

三、民俗时空的病态与疗法

人,生活在时间、空间里,生活在几十年的岁月、土地上,有很多迷信的病态。祖先制定风俗的原意,也许是为了消灾吉祥,但代代死守下来,不知随环境提升变通,就成了桎梏和束缚,反而失去祖先的德意了。

譬如有人生病了,如果正好是在39岁、49岁、59岁,那糟了,过不了九。这种"一生最怕逢九"的风俗,太不合理了,难道除了39、49、59岁之外,其他的年岁就无灾无病,不会死亡吗?

过年迎春,也有乏理的民俗:初一不出门,大年初一是诸天神下界,不能出门冲撞天神,这真是笑话;诸天下界,与人无干,难道天神们都坐着马车汽车,怕人挡路吗?正月初一大家都不出门,街道车辆都空着,岂不可惜?初二女儿要归宁,可以出门了,大家全在这一天赶路,到处拥挤,塞车如蜗牛,挤车像沙丁鱼,岂不难受?初三赤狗日,初四开张日,初五接财神,又通通挤在一起办;到初六挹肥日,大家一起倒垃圾,我们的环卫工人真辛苦。

为了求吉利而行事,也是无妨,不过,硬将时日套成规范来束缚自己,使自己在时空中不得自由,又是何苦?我们应该斟酌取舍,无论何日何时都是吉日良辰,好好利用时空才对。

另外一种习俗就好得多:"初一早,初二巧,初三睡个饱,初四神下降,初五开张大吉祥,初六大清扫,初七面线吃个饱,初八恢复原来生活,初九天公生,初十勤劳工作好",这就是"日日是好日,处处是好地"。

有些信徒要初一、十五才到庙里礼佛,到二月十九、六月十九、九月十九观音菩萨圣诞时,才上寺庙拈香拜菩萨,像这样的礼佛、拜菩萨变成空洞的仪式,一年五次行礼如仪,有什么意义?又能得什么福报?我们应该要做日日佛,日日观世音,每一天都是佛菩萨的初一、十五,日日都是二月十九、六月十九、九月十九,甚至早晚时辰,心心念念都是佛,都是观音菩萨。

民以食为天,中国民间习俗讲究吃:二月二日吃头牙,食头牙捻嘴须;十二月十六日吃尾牙,食尾牙面忧忧,怕老板炒鱿鱼。结果全国上下挤成一堆吃喝,碰头撞脸的,徒然劳民伤财,失去节庆民俗的实质意义。

过去民间有"送灶王爷上天"的习俗,每年十二月二十九日在灶头供食,也是感恩祈福的好事,那时贫穷人家供不起食物,就流行一首上供歌:

灶王爷爷本姓张,一碗凉水三炷香;

今年小子混得苦,明年再请甜糕糖。

到今天,还要唱这首上供歌吗?可见民俗是活的,时空是变的,古时候的人,有他们祈安求福的方式,我们可以师其意,效其法,但不一定要一成不变的死守。民国有一位丰子恺居士,他在《新年怀旧》的文章里说:吃过年夜饭后,母亲拿起毛草纸擦孩子的嘴,表示孩子说出不吉利的话,如同放屁,童言无忌。今天谁还用毛草纸?恐怕都买不到了,怎么擦呢?佛教对于民俗时空病态的疗法,就是不迷信、不执着,虚空没有方位,时间没有分际,日日是好日,处处是好地。印度摩竭陀国的罗阅祇城内,有位善生童子,每天早上起来就到郊外园中,向东南西北各方位礼拜,佛陀善巧地教导他,方位不在于虚空之中,而是在我们心中。

我们要礼敬六方：

父母为东方，师长为南方，

夫妻为西方，亲朋为北方，

僮仆为下方，沙门为上方。

虚空没有死板的方位，时间没有前后的分别，在无边的空间、无涯的时间里，我们的真实生命无所不在，如果能够觉悟体证自己的本来面目，我们的本心就能遍满虚空，充塞法界，横遍十方，竖穷三际，与无限的时间、空间是一样的、是一体的。

我们常说"福地福人居"，各人的业力形成各自的因缘，善人睡茅房也能自在，猪住地毯也住不惯，地有因缘，时也有因缘，人人方便的时空最好。晚上8时下葬，早晨5点结婚，不是闹得人仰马翻？冬天在基隆比赛游泳，夏天在高雄表演球赛，气候悬殊，冷热不调，很难有好成绩。所以说，时间，有合乎时间的因缘，就是好时间；空间，有合乎空间的因缘，就是好空间。适合的时空，就是好时好日。

四、民俗信仰的病态与疗法

在我们的民俗信仰里，也有很多历代传承的迷信，或是僵化的教条，都须要革新破除。

如占卜，现在有很多人迷信卜卦、占梦、求签、看相、掷笅杯、钱仙、碟仙、扶乩、牵亡、婴灵等种种事相，甚至奉为神明，这些究竟是真是假？常常引起人们的迷惑。有人趋之若鹜，有人不屑一顾。比方说看相、算命，到底灵不灵？

其实，相和命，都可以改变；有的人希望求神通，想知道过去和未来。我没有神通，如果明天会死，今天我还是活得很开心；假如我有神通,能预知生死,知道哪一天有灾厄,哪一年有劫难,可是逢灾不易化解,在劫无法逃避,日夜忧心,岂不痛苦?

如果我知道世寿只余十年,从今天起我开始寝食不安,忧心忡忡,日子就很难过了。看相、算命也一样。不必看相,也不必算命,看自己的心,就可以知道一切。很多人对身外不可知的事,总希望能早一点知道,其实,人生的意义,在于有些事情不知道,谜底不要揭开,明天又明天,生活很好过;牵强附会去迷信,反而自寻烦恼。

另外,打喷嚏对德国人而言,视为健康的象征,但中国人却视为身怀恶兆;鸦啼不止,中国人认为大不吉利,美国人却当作报喜之声;蚂蚁上树必有水灾,黄昏天红将有台风,说者言之凿凿,听者心中惴惧。民俗信仰不是不好,要有是非真假。现代人流行斩鸡头发誓,表明自己无欺神明,动不动一刀见血,有必要吗?誓愿不应虚发,何必将自己利益建立在众生痛苦上呢?有些人流行为小孩子收惊,不去认真探索幼儿受惊的肇因,对症下药,反而强迫孩子吃香灰、喝符水、带符咒,甚至作法增加孩子的惊恐,有必要吗?

我的出家,受外婆的影响很大。在我三四岁的时候,就跟外婆念《般若心经》,她半夜诵经时,肚子里会发出声音,深夜听起来,像翻江倒海一般,我常因此被吵醒,问她:"外婆,你在做什么?"

"这是功夫。"她说。

我出家以后,参学五岳,云游四海,见过很多有修行的大和尚,他们打坐诵经时,都没有这个声音,我想:难道他们没有功夫吗?过了几年,我回家乡和外婆相见,就问她:"外婆,你诵经时肚子里还响不响啊?"

外婆点点头:"当然响,这功夫怎么会丢呢!"

当时正好有一架老式螺旋桨飞机从空中飞过去,门外还有汽车驶过,我就说:"外婆,你肚子里的响声有比天上飞机引擎声大吗?有比汽车引擎声大吗?肚子里响叫有什么用?你能了生脱死吗?你能去除烦恼吗?你能增广智慧吗?如果不能,光是肚子里响叫有什么用呢?"

外婆给我这样一问,她茫然了。我那时候很年轻,又洋洋得意地追问:"你看,你修行五十多年了,我修行才几年,就把你问倒了。"

自从和外婆分别后,几十年来,我心里一直觉得对不起她,因为外婆仅有这一点的宗教体验,我不应该年轻气盛地伤害她,一定要说她不对。

我们的信仰不是神奇怪异,不是跳童扶乩,更不是妖魔鬼怪,我们的信仰要有道德,要能消除烦恼,使自己能安心立命。宗教的信仰必须能使我们的生活有安定力,增加做人的智慧、道德、勇气,这才是正当的宗教。有些民间宗教,没有崇高的智慧,不能让人接触到真正的信仰,有时也不忍心去揭发,为什么呢?因为在这五浊恶世里,迷信也有迷信的力量。

有些人迷信,只是基于行业的规矩,尊崇该行业里最有成就、最崇高、圣洁的一个人物,把他神化成为人格神,成为自己的榜样,这种精神崇拜意在提升自己,而非装神弄鬼,自然有它可取的价值和力量。例如:

医界崇奉华佗,药师崇祀神农;

缝衣者祀嫘祖,造纸业奉蔡伦;

建筑尊有巢氏,印刷祖师仓颉;

丹青奉吴道子，旅馆业尊刘备；
银行一尊财神，便是赵玄坛也；
饭馆祀灶王爷，豆腐店祭刘安；
皮鞋香敬孙膑，爆竹祖师马钧；
商人只奉关公，木匠都崇鲁班。

对于信仰，最坏的是邪信。不信比邪信好，迷信比不信好，正信比迷信好。所谓迷信，是不懂道理，要祭拜他就祭拜，要请神他就出钱，虽然被神棍牵着鼻子走，但是他那纯洁至诚的心灵是很珍贵的，比没有信仰好。不过，迷信很容易变成建筑在贪心、贪求上的邪信。台湾的社会上，有很多大帝、二妈、三妈的神明，普遍受到膜拜，主要就是信徒可以向那些神明多所要求，求富贵、发财、升官、好运……这样七祷八拜，是不是求到了，暂且不说，反正他心里获得满足了。但是到了佛教里，佛菩萨总是劝你要布施，要慈悲，要待人好，要自我牺牲……有人觉得这也要给人，那也要布施，什么都拿出去结缘，自己都没有，太不划算了。只重财利，不重精神，这是台湾很多人不信佛菩萨的原因。没有正信，就得不到精神上的祥和安宁。

台湾一般民俗信仰拜祭的神明，组织起来，好像人间的政府制度：信徒拜文昌帝君，希望"让我儿子聪明，保佑我儿子考试好……"，文昌帝君就像教育部长；拜妈祖、拜天上圣母的人，大多靠海捕鱼维生，以现在的说法，妈祖圣母等于交通部长；东岳大帝主持阴阳审判，主持刑罚，岂不和现在的司法部长一样。其他还有：

玉皇大帝，是皇帝总统；
三官大帝，天官管赐福，

地官管赦罪，水官管解厄，是福利部长；

玄天上帝，北斗星君，专司人寿保险，是保险公司董事长；

中华元帅，是国防部长；

关帝圣君主财，是财政部长；

中坛元帅太子爷，是警备总司令；

恩主公，是情报局长；

城隍爷掌理一县安危，是县长，也是警察局长；

土地公，是派出所巡官；

瘟神，是卫生署署长；

神农大帝，是粮食局局长；

巧圣先师，是建设局局长；

保生大帝消百病，是中医师公会的理事长；

月下老人，是婚姻介绍所主任；

注生娘娘，是家庭计划中心的总干事；

五雷元帅，是台湾电力公司的总经理；

聚宝尊王，是银行董事长。

人是很可悲的，遇到一点点委屈，一点点打击，就会彷徨失措、恐慌害怕，自己无力化解，就向外求助。有时求人，有时求权贵，有时求神道，有时在宗教的信仰中寻求一条出路。虽然这许多神明好像政治上的长官一样，偶尔也会帮助我们，但毕竟不是正本清源的正理，如同靠山山倒，靠水水流，靠人人倒；有了灾厄，不去逢凶化吉，自求多福，反而靠吃香灰、带符咒化解，这就变成信仰的疾病了。

真正的信仰，要有信仰的条件。对于民俗信仰的病态，以下提出三个简单的条件予以印证、对治：

第一，要信仰有道德的。

第二，要信仰有能力的。

第三，要信仰实在的，有历史可考的。

信仰是发乎自然，出乎本性的自然力。信仰不一定是信仰宗教，例如有的人信仰某一种思想或某一种学说；有的人信仰某一种主义；甚至有的人崇拜某一个人，也可以成为信仰的对象。但是没有经过道德、智慧、慈悲、正直去评判的，在信仰途中，总是容易走错了路。假如我们能小心，不被邪见所骗，不被迷信所迷，就能迈向正信大道。

1985年4月24日讲于高雄中正文化中心

从天堂到地狱

慈悲是我们的天堂净土,智慧是我们的天堂净土,
勤劳是我们的天堂净土,忍耐是我们的天堂净土,
我们要发心建设人间天堂,成就人间净土。

人间之上有天堂,之下有地狱,人间是天堂地狱的中枢站、转折点。摆在人间面前的有两条道路:一条是上天堂,另外一条是下地狱,所谓"上穷碧落下黄泉",都以人间为起点。有的人一心想上天堂,上天堂自有上天堂的条件方法;有的人则堕入地狱,堕入地狱也有堕入地狱的因缘果报。虽然凡人都不愿意堕落地狱受苦,但是业报招感,有时候也由不得自己的心愿。因此,人生在世的重要大事,是要明白如何才能上升天堂,如何才能避免堕入地狱的究竟道理。

佛经记载:有个人去世后,神识悠悠渺渺地来到天堂,可是天堂的门扉却紧闭不开,这个人站在门外,猛力敲打天堂的两扇大门,并且大声抗议说:"开门!我在世间做了不少的善行布施,培植不少的好事功德,现在我死后升天了,你们凭什么把我拒之于门外?"

在这个人的叫骂声中,突然从空中传来玉皇大帝的回答:"你在人间虽然也知道行善植福,但是你开赌场、酒家、贩卖人口,杀业为生,为富不仁,只知敛财欺诈,纵然有一点微善薄施,也只是小恩小惠,不足以抵消你的恶行罪业。不但不准你进天堂来,还要把你遣送入地狱。"

这个人终于被送入地狱,当阎罗王要判处他的罪刑时,他分辩说:"阎罗王,平常我对你礼敬有加,杀鸡宰羊,三牲四礼齐全祭拜你,你怎么一点也不顾念旧情要判我的罪呢?"

阎罗王铁面无私地回答说:"不错!你平时是常祭拜我,但是你杀生无数,所有被你赶尽杀绝的鸡鸭牛羊,都到地狱来控告你的罪行,我虽然也感念你对我的好,但是地狱也有舆论,人情是敌不过舆论的批判,因此我仍然要判决你的罪名。"

这则故事告诉我们"生天自有生天福",人间有漏的布施是不能感得升天的果报;天堂的美果乐行是无法侥幸骗取的。如果能够真心诚意,脚踏实地去播植善根好因,一定能转生天堂享受快乐。下面分为四点来谈天说地:

一、天堂、地狱在哪里?

(一)天堂在天堂,地狱在地狱

各种宗教都认为有天堂与地狱的存在,佛教也确定有天堂与地狱存在的事实。佛教认为天堂有三界二十八天之分,所谓三界二十八天就是欲界六天、色界十八天、无色界四天:

1. 欲界六天:包含四天王天、忉利天、夜摩天、兜率天、乐变化天、他化自在天等六天。其中,四天王天由东方持国天、南方增长天、西方广目天、北方多闻天组成,各个守护一天下,是帝释天的护卫大将。忉利天又称三十三天,所谓"三十三天天外天",意思就是忉利天以上还有更多的天神。忉利天的天主叫释提桓因,又叫作帝释天,也就是民间通称的玉皇大帝、天公。兜率天有佛陀慈悲方便示现的兜率净土。欲界的天神和人间一样,有身体形相,有物质生活的供需与精神生活的享乐,并且还耽溺在饮食男女的欲望之中,因此称为欲界。

2. 色界十八天:初禅三天(梵众天、梵辅天、大梵天),二禅三天(少光天、无量光天、光音天),三禅三天(少净天、无量净天、遍净天),四禅九天(无云天、福生天、广果天、无想天、无烦天、无热天、善见天、善现天、色究竟天)。色界的天神,虽然以禅悦法喜为食,没有男女、饮食、睡眠等欲望,但是还有殊胜的形色、精神上的爱情、国家的形态、社会的组织等现象,因此称色界。

3. 无色界四天:指空无边处天、识无边处天、无所有处天、非想非非想处天等四天。无色界的天神,除了和色界一样以禅悦法喜及识为美食,更完全超越男女饮食、身体形质的障碍,不执着于任何的形色,只有纯粹精神的存在,所以称无色界。

佛教认为地狱有十八种之分,十八地狱的思想对中国民间信仰的影响由来深远且巨,十八地狱就是八寒地狱、八热地狱、孤独地狱、近边地狱等十八个极苦的地方:

1. 八热地狱:指等活、黑绳、堆压、叫唤、大叫唤、烧炙、大烧炙、无间等八个炎热的大地狱。所谓等活地狱是说众生造重罪堕落此道,受到斫刺磨捣等刑罚,闷死过去之后,经凉风一吹,马上苏醒如生继续受苦。黑绳地狱的狱卒,把押来此道受罚的众生,如木匠测量木器一般，先以墨绳量度出有罪众生的身体，然后再割锯成块，因此称为黑绳地狱。堆压地狱又称众合地狱，也就是集合各种的刑具来处罚罪业众生之意。叫唤、大叫唤地狱指众生受罚，不堪其苦，大声发出悲号啼叫，剧苦转逼越深，号叫声就越大。烧炙、大烧炙地狱之中烈火熊熊，烧害众生生命，无间地狱的众生受苦没有间断，最为痛苦。

2. 八寒地狱：指頞浮陀、尼罗浮陀、阿罗罗、阿婆婆、睺睺、沤波罗、波头摩、摩诃波头摩等八个寒冷的大地狱。頞浮陀地狱指众生因为严寒逼身，长出皮疱。尼罗浮陀意为疱裂，由于寒冷切肤入骨，全身的皮疱因此破裂。阿罗罗、阿婆婆、睺睺都是由于不堪寒冷而发出的颤抖声音。沤波罗本意为青莲华、波头摩为红莲华，摩诃波头摩则为大红莲华，指在这些地狱中受苦的众生，由于天气酷寒难当，全身折裂，有如青莲华、红莲华、大红莲华的绽放。孤独地狱和近边地狱分散在我们生存的婆婆世界四周，或在山谷间，或在山顶上，或在旷野边，或在虚空中。除此之外，每一个地狱各有十六个附属的小地狱，乃至无量无数的地狱。总而言之，只要有众生造作恶业，就有地狱的存在，地狱就在我们的左右。

（二）天堂、地狱在人间

天堂地狱在哪里？就在我们生活的人间。天堂里的众生，思衣得衣，思食得食，神通自在，逍遥快乐。人间生活，不也正是天堂的写照吗？像宝岛台湾，人民丰衣足食，一年之中，都可以吃到春夏秋冬不同季节出产的蔬果；世界文明的产物充沛，供我们利用。住的是高楼大厦，地毯铺地，冷暖空调设备，富丽堂皇，一应俱全，不亚于极乐世界的微风吹动，黄金铺地。出门有轿车代步，甚至搭乘飞机轮船，一日千里，好比神足通；联络事情，有电话可以马上接到远在异地的对方，有如天耳通；观赏电视卫星报道，刹那间可以看到千山万水以外的状况，仿佛天眼通；计算机、遥控器的使用，可以随心所欲，自如无碍，恰似他心通，人间的一切，就像天堂一般的殊胜。

　　天堂可以在人间实现，但也可以在人间看到地狱的惨烈状况。譬如沙漠气候变幻莫测，热死许多人；美国纽约和法国巴黎两地突发的热浪；印度炙人的热沙等，都让无数的人无法承受，这不正说明人间也有八热地狱的存在吗？有些青年喜好登山，由于装备不够充分，经验不够老练，贸然攀登崇山峻岭，结果被冻死在冰天雪地的山间，这不正是八寒地狱的实例吗？曾经报载，有一位小孩，和同伴玩捉迷藏，竟躲到冰箱里，结果活活被冻死，这不也是八寒地狱的显现吗？

　　地狱在哪里？菜贩市场、餐厅饭店里，等着被宰割的鸡鸭鹅等家禽，不但双腿捆绑，还倒悬提挂，这就是倒悬地狱。在肉贩的砧板上，切剁宰割，猪牛羊马的脏腑肌骨被支解得四分五裂，这就是刀山地狱、剑林地狱。

　　中国人一向讲究美食，吃出许多毛病，也吃下许多的杀伐祸因。有的人贪食蛇肉，蛇要剥皮才能吃，这就是剥皮地狱。屏东恒春一带，每年春暖的时候，都会飞来灰面鹫、伯劳等可爱的客人，部分饕餮贪婪的人，大肆捕杀这些远道而来的朋友，并且以火烹烤下食，这就是火焰地狱。有的人喜欢生吃猴脑，将活蹦乱跳的小猴子放在特制的盘匣里，然后将猴子的头毛剃尽，用锤子敲破脑盖，以汤匙一勺一勺地生吃猴脑,猴子惊叫挣扎的惨状比地狱还令人怵目惊心。甚至一般家庭的饮食,吃螃蟹一刀两断,吃鱼虾活剥肚皮,如此种种,不正是近边地狱的鲜明映现吗?

由于人类的智慧,可以将人间创造得如同天堂一般安适;可是,也由于人类的争斗狠诈,惨绝人寰的地狱因而形成。一次的战争,掠夺多少的生命财产,破坏多少的幸福。许多人成为无家可归的难民;嗷嗷待哺的幼童,变成了孤儿;身陷集中营的人,受到泯绝人性的虐待,身心饱受摧残与痛苦,真是比八寒八热地狱还要深切万分!只要人性一日没有提升,地狱就在人间;如果人心趋向正道,人间天堂的完成是指日可待的。

(三) 天堂、地狱在我们的心里

天台宗说心"一念三千",唯识家则说一切万法"唯心所变"、"唯识所现"。我们的心念,瞬息变化,捉摸不定,一天之间,在十法界中上下浮沉,忽而诸佛圣贤的心,忽而三途恶道的心。佛教认为宇宙之中有十种法界——佛、菩萨、声闻、缘觉、天、人、阿修罗、畜生、饿鬼、地狱等十个次第,成佛希贤端在一心,堕落轮回也系乎一念。你早晨起床,神清气爽,心如明镜纤尘不染,好似佛菩萨的心;你饥肠辘辘,一脸馋相,便生起饿鬼心;看到饭桌上的菜肴不合胃口,怒气中生,大发雷霆,阿修罗的心就生起来了;如此吵闹不休,赌气不吃,忿而拂袖离家,地狱的心就出现了。《维摩经》上说:"随其心净则国土净。"如果我们能时时保持一颗明净的心,来对待世间的一切,这个世间便是天堂净土。因此,天堂地狱不在他方远处,就在我们当下的一念。

有一名武士去请教白隐禅师说:"这世间真有天堂与地狱吗?如何才能去呢?"

禅师问他:"你是做什么的?"

"我是一名武士。"

"哼!凭你这副德性,也配做一名武士吗?"

武士一听,大怒,士可杀不可辱,"咻!"地拔出长剑,一剑向禅师劈了过来,禅师见了呵呵大笑说:"你看!地狱的门开了。"

武士警觉到自己的鲁莽,冒犯了禅师,赶紧收剑行礼谢罪,禅师领首微笑说:"哪!天堂的门不就打开了吗?"

天堂、地狱在哪里?天堂在天堂,地狱在地狱;天堂地狱在我们生存的世间;在我们的一个转念,一个回心之间。

二、天堂、地狱的情况怎么样?

天堂、地狱和人间究竟有什么差异?它们各自有什么特别的情况?天堂顾名思义是个快乐的地方,天堂和人间比较起来,有几点殊胜的地方:

(一) 身胜:天堂的众生身体高大胜于人间

现代人长到200厘米,就算是顶天立地了;据说古人七尺,仍只是个童子。纵然七尺昂藏之躯,和天堂的众生比起来,人间的我们,都还只是个矮子。距离地球最近的四天王天的天神眷属,以现代的度量衡来计算,大约有九十丈之高,越往上的诸天,身高越巨大。色界最上层色究竟天,人民身材魁伟高大,大约有265 000千米,从台北到高雄,全长不过380千米,天神的形体多么伟岸壮硕,也就可想而知了。这或许听起来像是无稽之谈,怎么有如此高壮的人呢?你看,爬行在人类脚下的小蚂蚁,抬头仰看我们的时候,必定也会叹为观止,觉得高不可攀吧!

(二)寿胜:天堂的众生寿命长久胜于人间

一个人在人间,如果能活到 70 岁,已经是古来稀的幸事了;如果能长命百岁,更是被视为人瑞,人人欣羡;活得最长久的彭祖,也不过八百余寒暑,和天神的寿命一比,却短暂得如蜉蝣朝生暮死。

天堂的寿命究竟有多长?距离我们最近的欲界忉利天,可以活到 500 岁,等于人间的 900 万年。往上推算,无色界的非想非非想处天,寿命可以长达 8 万大劫。根据佛教的说法,一个人原本可以活到 84 000 岁,每隔 100 年减 1 岁,如此从 84 000 减到 10 岁,称为一减劫;然后从 10 岁再每隔 100 年增加 1 岁,增至 84 000 岁,称为一增劫。合一个减劫,增劫是一大劫。8 万大劫就是历经 8 万次如此成、住、坏、空的劫数,由此看来天人寿命之亘远弥长,恐怕连神乎其技的计算机,也无法计度了。

(三)乐胜:天堂的众生欲乐自在胜于人间

天堂的五欲享受,比人间殊胜,起心动念之间,锦衣玉食自然现前,不必像人间一样奔波钻营,更不必担心饥寒匮乏。不仅如此,天道的无欲之乐,尤其是人间所欠缺。在天界里,已经泯除忧悲苦恼、怨憎愤恨,到达从心所欲、求无不得的境界,享受光明、自在、轻快、安乐的禅悦。

(四) 定胜：天堂的众生禅定法乐胜于人间

从色界乃至无色界的众生，已经不再以世俗纷乱动荡的欲乐为满足，而能安住在甚深禅定中的静谧轻安。外境的五欲六尘之欢，有生有灭不能永远持有；心外的声色感官之娱，有染有漏伴随着痛苦的种子，只有心内的法喜禅悦才是千金难换、磐石难移的真正快乐。

天界虽然有如此殊胜的妙乐，还是不如人间的难得；天堂尽管如何美好，终究不及人间的珍贵。何况天堂的快乐并不是究竟不变，当天人福报享尽时，会出现五种衰败的现象，依旧要堕落到六道去轮回受苦。这五种衰败的现象是：

1. 身上的华衣突然变得污秽肮脏。
2. 头上庄严的花鬘突然枯萎凋谢。
3. 原本清郁芳香的身体突然臭味四溢。
4. 两腋之下汗流如雨，发出恶气。
5. 心烦气躁，不再安住于自己的本座。

除了上述的五衰相现之外，天人福尽受报时，还会产生火烧初禅、水淹二禅、风打三禅的三种苦难，好比世界末日来临一般，即使是无色界，也逃不出国土危脆，诸行无常的现象，终究要毁灭消失。

有的人，生活知足安乐，就像人间天堂一样。可是有些人好比天人福尽，也产生五衰相现的征兆，作奸犯科，不能安分地过好日子，不知道做人间之人的福气，多么令人扼腕叹惜！

天堂的快乐是如此短暂不定，地狱又是什么情况呢？地狱是三恶道中最为痛苦的一途，好比一个羸弱的罪犯，背负超乎能力极限的重担，行走在刀山热沙之上，还要接受铁鞭的笞打，地狱之苦千百万亿倍于此,是超乎我们想象之外的极端痛苦。

一般的痛苦是求生不得,地狱最难堪忍的痛苦却是求死不能。如果受到的只是一时难以承当的痛苦,能够一死百了,众苦消除,还能存有一丝喘息的希望,咬紧牙关忍耐下去;而地狱所受的痛苦是生而复死,死而复生,绵绵不断,无止无尽的无间痛苦。

顽恶重罪的众生堕入地狱要受到五无间罪的刑罚:

1. 受苦无间:接受种种的苦刑,亦杀亦剐,亦剐亦杀,如是众苦反复辗转毫不间歇。

2. 身形无间:地狱众生的身体同时布满一切地狱之中,接受一切的苦刑。换句话说,一切地狱的痛苦同时加在众生的身上,其中的苦痛真是不寒而栗。

3. 时间无间:罪业众生受刑闷死过去之后,经业风一吹,再度苏醒过来,继续接受处罚,如此周而复始,永无止尽。

4. 罪器无间:无间地狱充满各种刑罚的罪器,众生忽而上刀山,忽而下血河,忽而抱火柱,忽而灌烊铜,痛苦之酷烈实非人间所能想象。

5. 众类无间:种种众生同时受苦毫无间隔。《地藏菩萨本愿经》说"五事业感,故称无间",就是指无间地狱由上述五事招感所成,因此称为无间。

历代以来是否有人到过天堂与地狱?根据《太平广记》第一四六卷的记载,有一天,唐太宗梦见太史李淳风泪流满面告诉他,自己将不久于人世,太宗后来也到地狱冥府周游一番,这段经历还成为脍炙人口的民间故事。《佛祖统纪》第四十五卷,记载宋朝大文豪欧阳修,梦游地狱、见到十殿阎罗的记录。另外,佛陀到忉利天说法,甚至还运用神通,将弟子难陀带至天堂游玩,然后又带至地狱观看,以止息难陀的欲心,增加他的道念。

近代禅宗大师虚云老和尚,活到120多岁才圆寂。当他112岁的时候,有一天在静坐中,感觉自己走到兜率天宫,弥勒菩萨坐在法座上,指着东边的空位叫他入座,虚云老和尚坐好,定睛一看,赫然发现旁边的维那师父竟然是阿难尊者,再放眼四望,发现玄奘大师等也晏然在座。虚云老和尚入定九天,才从兜率天宫回到人间,并且把他的经历告示大家。这段事迹,还被收录在虚云老和尚的著作中。如此看来,来往天堂与地狱的事例,不是子虚乌有、天方夜谭的怪异事情,可以从历代史籍之中找到真实的记载。

三、天堂、地狱如何去?

古往今来,既然有那么多人曾经去过天堂与地狱,那么上天堂究竟必须具备什么条件?下地狱又是什么机缘?下面各提供三个上天堂、入地狱的方法:

(一) 人天三福行

1. 布施:进入天堂要修持布施、持戒、禅定等三福行。除了金钱的施舍之外,给人服务方便,给人力量的援助等,都是布施,甚至随口一句好话,随时一个微笑,随手一个招呼,随心一个鼓励,更是无上的布施。譬如,早上见面了,彼此问好招呼:"你早呀!""你好呀!"看到别人做好事,赞叹一声:"你真了不起!""你很勤劳呀!"口头上的随喜赞美,就是无量功德的布施。

这个不费吹灰之力的赞美,常常是成功的助缘要素,但是我们今日的社会,不但最欠缺相互赞扬的美德,反而恶意诽谤攻击美善之行。看到别人发财了,有人就会心生嫉妒,酸溜溜地睥睨说:"几个铜臭钱,有什么了不起!"见人天生丽质,也不由眼红,不愿夸奖几句也就罢了,反而取笑说:"什么美丽,妖里妖气的……"看到别人乐善好施,不仅不能见贤思齐,反而讥讽:"专会沽名钓誉,取媚低俗不足以论。"

凡此种种,见善不喜,见好不乐,这种疑妒、瞋心、恶念,纵然身处天堂,也犹如处在地狱一般焦虑难安。现在的社会正在大力提倡美化工作,美化工作除了美化环境、美化容貌之外,更要美化人群、美化社会,尤其要美化自己、美化人生、美化心灵,假如人人都能拥有一颗真挚至纯的赤子之心,随时布施善意真情;人人都能具备一颗平等包容的佛心,时时施予慈悲喜舍,那么天堂便无处不在了。

2. 持戒:持戒如同今日的守法,最进步的社会是个法治的社会,人人守法,社会自然安和乐利;人人持戒,道德自然淳朴敦厚。佛教认为每一个社会的人都应该奉守不杀生、不偷盗、不邪淫、不妄语、不饮酒等五戒。五戒的根本精神在于不侵犯他人,不杀生戒是对别人的身体生命不侵犯;不偷盗戒是对别人的财产东西不侵犯;不邪淫戒是对别人的贞节情操不侵犯;不妄语戒是对别人的声誉名望不侵犯;不饮酒戒是对自己的智慧神识不侵犯,也不丧心乱性去侵犯别人。

倘若我们的社会能够人人知法度,守五戒,社会必然没有争斗纷讼的事情,为非作歹的宵小鼠辈必定销声匿迹,那么路不拾遗,夜不闭户的大同世界就不难实现了。

3. 禅定:布施持戒是修福德,福德具备了,还要进一步修智慧。

人生与社会

如何才能求得智慧？要契入甚深的禅定才能发慧。没有禅定的福德是动摇不定的，儒家说的大学之道，要经过知止、定、静、安、虑的功夫，然后才能有所得。其实这就是佛教澄心止虑的禅定修持，戒定慧称为三学，是通于各家的。有人或许会认为我又不想上天堂，不需要修禅定。禅定固然是上生天堂的要道之一，禅定更是一种养身修心，让心灵获得平静的方法。

在熙熙攘攘的日常生活中，如果能拥有一分一秒的禅定，其中的快乐是不可言喻的。譬如公务人员，天一亮就得赶车上班，早上工作四个小时下来，身心疲惫，吃过午饭之后，有的伏在案上休息，有的躺在沙发一睡就是半晌。结果还是晕头转向，倦态犹存，更别说养精蓄锐了。如果懂得养身之道，运用几分钟禅定打坐，比起打盹一小时功效更好。

修禅定有几个要领，只要操持得法，循序渐进，自有妙用。首先将腿盘起，这是集中精神，统一意志。如果无法双盘，单盘也可以，其次将嘴巴微合，眼睛合闭，面带微笑，这是内敛精气的功夫，专心一致的法门。然后是调息，凡人一呼一吸称作一息，平常我们作息极为粗心，根本不明白吸气呼气也是一门大学问，只顾鼻息嗅觉，感应灵通就行了。其实一息要做到心平气和的境界才是上乘。首先将气吸入，然后慢慢呼出，越慢越好，复归平静。最后是调心，有人打坐外表虽然已趋宁谧，但是内心依然心猿意马、妄想纷飞，不能里外合一。若能摄心一处、动静不二，便可达到禅定的真谛了。

(二) 地狱三机缘

上天堂要修布施、持戒、禅定等三福行，入地狱也有三机缘，入地狱的三机缘为神通、业力、大愿。

1. 神通：神通可以自由出入地狱、天堂，无所障碍。譬如佛陀的弟子神通第一的目犍连尊者，当佛陀到忉利天为母亲说法时，优填王思念佛陀，因此请求目犍连尊者以神通带领画师到天宫，记下佛陀的金容，然后返回人间依样描绘刻画佛陀的法相，让弟子们瞻仰膜拜。

有一天，目犍连尊者突然想起去世的母亲，不知转生何道，尊者以天眼通一瞧，看见母亲正在地狱中受苦，心痛如绞，立刻施展神足通来到地狱，希望救出受苦的母亲。后来仰仗供养三宝的力量，不但解救自己的母亲，并且度脱无数在地狱中饱受酷刑的众生，这就是民间妇孺皆晓的"目连救母"。目犍连尊者能够到地狱去，就是凭仗着神通的力量。

2. 业力：佛经上说："不思议业力，虽远必相牵，果报成熟时，求避终难脱。"业力是有情行为造作、果报招感的力量。有情众生造作无量无边的五逆重罪，这些罪业形成一股巨大无比的力量，依有情众生所造的行为后果，将有情众生牵引至地狱去受报受苦。因此凡夫众生堕落地狱，不是由天神阎君所主宰操纵，而是取决于自己的业力，业报自做还要自受，丝毫不会混淆，一点也逃不过。善的业力促使我们上生天堂，恶的业力牵引我们堕入地狱。我们对于"万般带不去，只有业随身"的身口意三业，怎能不戒慎恐惧，善加摄持呢？

3. 大愿：重罪众生轮回地狱，是由恶业牵引；诸佛菩萨示现地狱，则是由于悲心大愿。从佛经上记载，许多大菩萨，都发心到最边苦的地方去度众，因为病重的患者，最需要医生的治疗，黑暗的幽谷,最需要光明的照射,痛苦的众生最需要菩萨的救拔,地狱则是痛苦最深的世界,因此是菩萨倒驾慈航,积极前往的地方。譬如地藏菩萨发愿要度尽地狱一切众生:"地狱不空,誓不成佛;众生度尽,方证菩提。""我不入地狱,谁入地狱?"虚空纵然有尽,众生是无边无尽的,众生所造的恶业更是无量无数,如此看来,地狱是永远不会空的,地藏菩萨救拔倒悬的悲愿之剀切远大,是何其显明!

四、佛教对天堂、地狱的看法

佛教教我们修持生天的三福行,但也并不是叫我们都厌弃人间,遁逃到天堂。好比我们乘车从高雄到台北,虽然途经台中、新竹,但是不一定要下车停留,我们可以半路经过,直达台北。同样地,我们在人间修行,成佛证果前,也可往生至天堂,但是不一定要在天堂驻足。事实上,天堂虽然比人间享福千万倍,但是天道的众生只知耽逸于快乐,不能未雨绸缪,居安思危,等到福尽堕落,只有懊悔空叹,乐极生悲了。

人间虽然比天道苦,但是人间有比天堂优胜的地方。人间有记忆,记忆使我们记取痛苦的教训,珍惜甘甜的不易;人间有梵行,梵行使我们知道规范身心,净化三业;人间有勤劳,勤劳使我们不敢放逸,能够培福修慧;人间有勇猛,勇猛使我们能够积极精进,趋向佛道。因此人间虽然有些烦恼痛苦,但是这些磨难挫折却是成就甘露妙果的逆增上缘。人间的苦难能够磨练我们的心志,成为我们修道的净业,因此人间容易上进,天堂反而容易堕落,古德说:"人身难得。"人间比天堂可贵,实是不容置疑的事实。

上生天堂,固然是有些人梦寐以求的希望,但是佛教最终的目的是往生净土，并且进一步把人间美化成净土。净土和天堂相较之下，有三点优劣异同：

1. 净土是上升而非退堕。从《阿弥陀经》可以了解，一旦往生西方极乐净土，都是阿鞞跋致、一生补处菩萨，再也不会退转。而天堂尚有五衰之相、三灾之难，仍然要堕入六道轮回，比不上净土的永生不坏，亘古不变。

2. 净土是平等而非阶级。净土之中的诸佛菩萨、无量众生，平等一如毫无差别，不像天堂还有天帝、神将、眷属的阶级差异。

3. 净土是进修而非完成。净土中可以慢慢再修行，莲增九品，花开见佛。不像天堂停顿安逸，不知精进。

今后我们的努力方向，除了要把生存的环境，庄严成为人间天堂、人间净土之外，更要进一步将内心净化成人间天堂、人间净土，从内心展现净土的清凉，让人间充满净土的极乐。慈悲是我们的天堂净土，智慧是我们的天堂净土，勤劳是我们的天堂净土，忍耐是我们的天堂净土，我们要发心建设人间天堂，成就人间净土。

1982年12月讲于彰化县政府大礼堂

从人道到佛道

我们安住于佛道的身心中,
不是要离开人间,
佛是在人间当中,
不是在人间之外的。

佛教将所有一切众生归纳为十个层次,人属于中间的层次,最高层次的是佛。最低层次是地狱,比地狱好一点的是饿鬼,再来就是畜生、阿修罗、人、天、声闻、缘觉、菩萨、佛,这就是所谓的十法界。

高的四个层次称为四圣,低的六个层次称为六凡。四圣是指佛、菩萨、声闻、缘觉;而六凡又分为三善道与三恶道。三善道是指天、人、阿修罗,三恶道是指地狱、饿鬼、畜生。一个人,一天里,起心动念中,游离于天堂地狱,不知来回多少次;一念善心起即在天堂;一念恶心起即在地狱。

我们要如何让自己的习气不断升华,从人到天,菩萨到佛道。以下举出五个条件,若具备了,那么今后人天福报也就俱全了:

一、发心

《劝发菩提心文》说:"入道要门,发心为首;修行急务,立愿居先。"参禅学道,应该以发心立愿为下手的功夫。在世间,读书求学,做人处事,也都要立定自己的志愿、目标,如果人人肯发心为人,就能为世间点亮明灯,增加热力。发心就是开发心里的天地,开发心里的财富、能源。我的心有多大其成就就有多大,所以发心是个不可思议的力量。

所以我们要发心忍耐,不计较芝麻绿豆的小事;我们要发心尊重待人;发心用和睦与亲朋好友相处;发心将家庭左右的环境打扫整洁;发心不说恶言;发心不动恶念;发心念佛、拜佛;发心见到人,先给人一个笑容;发心见到人,先跟人讲话;发心见到人,先和人打招呼;我发心勤劳;发心不怕吃苦;我发心守信用,不虚伪;发心正正当当多赚一点财富,以利于社会大众;发心吃饭,不管菜好不好,只要发心吃饭,都会吃得很欢喜、很满足;发心睡觉,不管床铺好不好,都会感觉睡得很甜蜜、很舒服;发心打扫、洗刷,只要发心打扫,不管环境多脏乱,都能清理得洁净庄严,最后必能为自己扫出一片明心见性的天地;发心走路,就不怕路远;发心爬山,就不怕山高;发心助人,就不怕辛苦,其心里的财富、力量,则会不断地开发来帮助别人;发心做人,就会将人做好;发心升天,就绝对会升天;发心读书,就会将书念好。

求佛法,要真正地发心。学佛就是学习本自具足的佛性,信佛也可以说就是相信自己,自己的如来种性无缺无余。只要发心正,立愿广,所求的佛法自然能圆满成就。

二、正确的信仰

正信是什么?知道一切事情皆有因果,相信因果就是正信,相信一切世间因缘都是缘起的,这就是正信。《法句经》云:"应时得友乐,适时满足乐,命终善业乐,正信成就乐。"有信仰就有力量,有信仰就会有宝藏,有信仰就会有目标。

以下略举四点说明正信的重要:

1. 正信如琴瑟妙音。有了正信以后,每天听到的都是好的话、好的音声,那些邪魔外道就不会来扰乱。

2. 正信如明镜照人。已有了正信,就好像一个光明的镜子,可以将自己本来面目看得清清楚楚,在正信里面,面对因果、得失等都不会怨天尤人。

3. 正信如大地安稳。正信就好像大地,让人面对困境如履平地,能安稳地走过。

4. 正信如日月星光。有正信的人如日光朗朗的照耀,如月光的清凉感受;日月星光可指引我们方向、将白天、黑夜点缀得更美。

我们应将正信的教育向下扎根,使人们从小就有根深蒂固的善恶因果观念,长大以后,就知道要惜福结缘、勤奋工作,而不会为非作歹、巧取豪夺。从根本上下手,不但使佛教流传深广,更能根除时弊,创造一个富而好礼的社会。

三、守法

依佛法而言,守法就是守持戒律。一般人听到戒律都会很害怕,以为受了佛教的戒律,就会处处受限,甚至觉得出家人才要受持戒律。其实,守戒并不是在家人或出家人的问题,只要是人都需要守法,不信佛教也要守法,难道不懂法律就能不守法吗?或是不受戒就可以不持戒律吗?其实守法才有保障,才有自由。

佛教的五戒，是做人的基本条件，假如我们到监狱作调查，会发现那些失去自由的人，都是犯了五戒！五戒的内容是指不杀、不盗、不邪淫、不妄、不酒。

杀人、伤害、毁容或者是毁尸灭迹，这一类的就是犯了"杀戒"；贪污、侵占、绑票就是犯了"盗戒"；有伤风化、破坏家庭、重婚、强奸、逼良为娼，这些都是犯了"邪淫戒"；造谣、挑拨离间、毁誉、假冒商标、伪劣产品，这些都是犯了"妄语戒"。

有人说，那喝酒应该不算犯罪吧！佛教的戒律分为性戒与遮戒二种，性戒是其本身就是罪行，是社会普遍承认的罪恶，并有法规制止之，即使不制定法规，犯了未来必定受报，如杀、盗、淫、妄。遮戒则是为防止犯罪而设，如酒戒即是。有个例子可说明喝酒种下犯戒的因：有个人想喝酒而没有下酒菜，隔壁有只老母鸡跑来，他便将它捉来杀了下酒吃，这就犯了偷盗戒及杀戒，此时隔壁的女主人回来了，问他："你有看到我的鸡吗？"他说，"没有看到。"这就是犯了妄语戒，又因为他喝了酒失去理性，见邻居女主人很漂亮，则对她非礼，而犯了淫戒。这就因喝酒，杀、盗、淫、妄都一起犯了。

佛教所指的酒，不一定是专指喝酒，所谓刺激品，使我们迷醉、迷失本性的，像迷幻药、摇头丸、吗啡、冰毒、鸦片，凡是能令人们失去理智的东西，都是属于犯了此条戒。

这个社会之所以让我们不能安心自在，是因为大家没有持五戒，才使得居息不安宁、不自由。五戒中杀生就是侵犯我们的身体及生命；偷盗就侵犯了我的财富；邪淫就是侵犯了我的名节及身体；妄语就是侵犯我的名誉及信用，饮酒就是糊里糊涂地跟别人无理乱来。所以，戒如暗遇明，贫人得宝，如果人人能守戒，家庭就有

规范,社会也有法制。以下略举几点说明戒的重要:

1. 戒如良师,指引我们的人生方向。
2. 戒如轨道,规范我们的身心行止。
3. 戒如城墙,帮助我们抵御五欲六尘盗贼的侵袭。
4. 戒如水囊,涤去我们的尘垢烦恼。
5. 戒如明灯,照亮我们的前途光明。
6. 戒如宝剑,断除我们的贪心欲念。
7. 戒如璎珞,庄严我们的道德人格。
8. 戒如船筏,度脱我们到达涅槃的彼岸。

所以,佛陀在《遗教经》中明示:大众应当尊重波罗提木叉(戒)为师。

守戒可以得长寿、财富、家庭和谐、健康、聪明、智慧、名誉及信用:假若您不杀生而放生,就会得到长寿;您不偷盗而布施,就可以得富贵;您若不邪淫而尊重大众,那么就可获得家庭和谐;您若要求名誉及信用,就要不说谎而说好话;您若要有智慧,就不可以吃刺激的东西,也不可以喝酒,身体健康,智慧就会很清明。

四、喜舍

舍是布施,"舍"即是"得",布施,表面上看似给人,实际上获益的却是自己,如播种,不在田里撒下种子,怎么会有收获?《大宝积经》云:"乞者不逆,广结善缘"当别人对我们有所要求时,不要轻易拒绝,要具有喜舍心给予协助,且不求回报。布施时,要带着感恩的心,感谢对方接受我们的布施。

过去的布施,是我布施给您,您就要感谢我;就要帮我立个名字;要帮我刻个牌匾;要在大众中表扬我。这不叫舍,而是"贪"。正确的布施应以智慧判断其有无价值、是否需要,而不是一味沽名钓誉、期求回报。没有佛法的布施,不能称为舍,有希望的回报是"贫穷";佛法的布施称"喜舍",发自内心欢喜的布施,能长养慈悲,有了慈悲心就能设身处地为对方着想,如此就能激发帮助人、包容人的热心与胸怀,故喜舍是布施欢喜,给人一点喜舍布施,自己也可以得到无限法喜。

人的贪取心如果能减少一分,喜舍心便会增长一分,如果能有"拥有的时候有喜舍的个性,喜舍的时候有拥有的感受。"则福报就会不求自生。

喜舍就像太阳的光明照耀着人,它是不要求回报的,喜舍不一定要有钱,给人欢喜,到处与人结缘,这就是一种喜舍;我有嘴巴可以讲好话,好话不怕多,喜舍好的语言,这是赞美的布施,世间最美又是最容易做到的布施就是爱语;我有眼睛,见到人就可以行注目礼,以慈悲的眼神看对方;我有手,可以帮您做事;我有脚,可以帮您跑跑腿;我也可以给您一个笑容;至少我有一颗心,可以时常关心您、关照您、尊崇您。所以,喜舍随时随地、随处随人都可应用得上。

有句台湾话叫作"相扑鸡",意思就是说,每一次开口就要与人吵架,与人斗,假如您遇上了这类的人,最好的方法就是平静面对,不起烦恼,不与人斗争,是处事最好的妙方。例如——

他如果说:"你莫名其妙。"

你就回答:"是啊!我非常地莫名其妙。"

而他又说:"你岂有此理。"

你则回答:"是啊!我是岂有此理。"

他又讲:"啊!你不知道就不要啰唆了。"

那你可以回答:"好的,那我不啰唆了!"

像这种情形,他想跟你吵,也就吵不起来了。

另一句台湾话叫"乌鸦嘴",意思是不给人欢喜的语言。现在好多人说话都不给人欢喜,说出来的话会令人难过,就如同乌鸦叫出来的声音会使人不欢喜。比方说,过去有个人盖新房子,招呼亲朋好友来参观新居。大家都带着礼物去庆贺,主人也展示各个房间给大家参观。友人们赞叹着:"好啊!漂亮啊!"唯有一个人,一来就讲:"不对啊!你把木柴放在火炉旁边是很危险的!因为生火煮东西,爆出来的火星跳到木柴上,很危险的。""唉哟!你的烟囱盖得不够高,要是冒出来的烟中带有火花,喷出来的火星掉在屋顶的茅草上会着火的……"这就是乌鸦嘴,不经意的一句轻浮话,有时会自毁前程;轻率的做事态度,有时会自取灭亡。故要管理好自己的身、口、意,以免破坏一些好因好缘。人与人相处,口边多善言,可以广结很多善缘。

所以讲话不要做"乌鸦嘴",要做"喜鹊报喜";待人不要做"相扑鸡",要做"凤凰来仪";处世不要做"木头人",要做"微笑弥勒"。

五、禅定

禅,是一门生命之学;禅修,则是一项生命科学的实验。修行要与清净心、恭敬心、谦卑心、无为法、本性、空性相应才能得禅定。因此,在日常生活中要时时刻刻自我反省、检讨,改进自己的习气,要有信心、耐心,更要发长远心、不退转,才能有成就。

没有禅修经验的人,以为要参禅入定只能到寺院或禅堂才能坐。其实不尽然，在家中的地板上、床上、沙发上就可以参禅了。

虽然禅定最主要的目的是明心见性，但在初步的学习中，由禅定可获得健康、自在、身心之升华广大，至少禅定是有此功效的。

参禅入定不要将它想得很困难，准备一个小枕头，将它放于地板上，用个垫布将它垫高一点，然后将腿盘起来。一腿在上，一腿在下，这就叫做单盘。将两腿一起盘到上面，这个叫作双盘。

身体上的端正会影响心里的统一，其背部不可以靠在椅背上及墙壁上，不要穿西装或牛仔裤，或者是会让你感到束缚的衣服都不要穿。两肩放平、放松，收下巴，牙齿紧闭，舌头顶到上颚，眼睛垂下，不要看外面，要看自己的心，让自己的呼吸慢慢地均匀。

接下来就是调心，让我们的心不要乱动、乱跑、乱打妄想，要让心安住下来。因为烦恼、浮动、不安定，与我们的气是有关连的。如跑步时，气就会很喘，所以我们应该将气缓缓地吸到丹田，再慢慢地呼出去；越慢越好，到了最后，似乎有，又似乎无，悠悠扬扬，人的身心随着气广大开来，而能升华，似乎要浮起来一样。

如果心不能静下来，要如何改善意念纷飞的坏习惯？

1. 数息：就是一呼一吸时依出息、入息而数；当出息时，把注意力集中在数出息的数目字上，每呼出一口气，数一个数目字，数到第10，再回头从第1数起，如是周而复始；或是吸气时观察念数，方法与数出息同，若能数到心无杂念，而达到不必刻意用心，即能自然念数之时，身心便会有异常愉悦的感受产生。

2. 观想：观光明时，就把心安住在光明上；观佛像时，就将心安住于佛像上。

3. 参话头：则将心安住于话头上，参："念佛的是谁？"

不会参禅、观照的话，只要求将腿盘起来，即使是打瞌睡，睡了5分钟，那都会比睡上一二个小时，还容易恢复疲劳。

以下略举禅修的七点益处：

1. 消除生活压力：生活压力的产生来自心的散乱以及对生活现象的错误认识，当透过坐禅训练，让心静下来时，"觉性"会帮助我们辨别邪正、厘清错误，所谓的压力也就自然消除。

2. 增进身体健康：现代的医学科技告诉我们，人类百分之七十的身体病痛是来自心内焦急、贪婪、瞋恚的情绪，佛法亦说："心生则种种法生。"由此可之，若想增加身的健康，从心的修养做起，必能得事半功倍之效。

3. 提升内在涵养：人心不古，道德没落，乃起因于人们听不到，或没有时间听自己内心"宁静"的声音，所以终日活在追逐名利、权势、地位当中，时刻为爱恨情仇、忧悲离苦的恶友所扰害。倘能与"坐禅"为友，则可逐渐远离名利、权势、地位，爱恨情仇、忧悲离苦的恶友，进而升华内在涵养。

4. 享有禅悦之乐：佛陀说：坐禅能得"现法乐住"，所谓现法乐即是禅定之乐，是一种从绝对寂静心中，所产生的美妙快乐，非世间五欲之乐可比。勤于坐禅修持者，能体验到这种禅悦之乐。

5. 不为烦恼所缚：佛陀还说：坐禅能得"漏永尽"，这漏永尽的"漏"字就是烦恼的别名，坐禅能使烦恼永远止息，获得究竟解脱，故言漏永尽。

6. 开发本具智慧：《楞严经》上说"摄心为戒，依戒生定，依定发慧。"这里所讲的智慧是"般若"的意思。般若是梵文译音，翻成汉语叫作智慧，是一种能体悟宇宙人生真相的智慧，非一般世智辩聪。由于"般若智"是一切有情众生本具的,只要假以时日地坐禅修炼,就能显发出来,故言开发。

7. 明见清净本性:"何期自性本自清净",这句法语是六祖惠能大师开悟时说的,若语译成白话,即是"没有想到人们的灵性本来就是清净无染的"。坐禅能帮助我们得到这种体证,找回我们的本来面目。

有人问:"天堂和地狱是什么样子的呢?"其实,地狱与人间是一样的,也是需要穿衣、吃饭。地狱唯一不同的是吃饭,在吃饭时需要三尺长的筷子,地狱的人夹了一块菜,由于是三尺长的筷子,所以永远是送不到口里的,当它转向左边,左边的人就抢着吃,当它转向右边,右边的人就抢着吃。因此,他就会骂人,为何吃了他的菜,所以地狱的人是天天吵架的。

天堂的人也是需要穿衣、吃饭,而且吃饭的筷子,也一样是三尺长。不过地狱的人吃饭与天堂的人吃饭却不一样,天堂的人夹了菜不是给自己吃的,而是给对方吃,彼此夹菜给对方吃,双方总是不停地称道"谢谢",整个天堂都是"谢谢"的声音。

所以,助人、感谢别人即是天堂,而自私、执着即是地狱。我们要让自己趣向佛道,要发扬自己的慈悲心,不要有仇恨心,要有为人的心,要有不计较的心,要有至诚的心,还要"慈悲喜舍遍法界,惜福结缘利人天,禅净戒行平等忍,惭愧感恩大愿心。"

1. 慈悲喜舍遍法界:佛教教义中无论是自利、还是利他,百千法门之中,以发心法门为最重要。谈到发心,有四无量心,也就是要发慈无量心、悲无量心、喜无量心和舍无量心,"慈悲喜舍"是:不仅拔除他人的痛苦,并不求报答地给予无限欢喜、快乐。

观世音菩萨之所以令人尊重、被人称念、让人膜拜，就是因为观世音菩萨有大慈大悲。喜舍，更说明了我们做一个佛教徒要把欢喜施舍予人，绝对地为人救济苦难，绝对地给人欢喜，绝对地给人奉献，能有如此发心，做人处事必定圆满成功。

2. 惜福结缘利人天：在世间，我们每一个人的日用享受都有一定的数量，好比我们在银行存款，每个人或多或少都不一样，这就是所谓的福报。一个人挥霍无度，好比银行存款一直在减少；积功累德，银行存款也就日渐增多。修桥铺路、救人苦难都是积福的方法。古人一直劝导世人不要积财给子孙，只要积福，子孙就能享用不尽，可见福报就是自己的财富，要珍惜福报才会更有福报。

说到结缘，更是重要，世界上任何一个人都不能单独存在，必须仰赖相互的法缘关系才能生存。有的人并不聪明灵巧但很有人缘；有的人伶牙俐齿反而让人讨厌。有的人富贵，没有人缘；有的人贫穷，反而很得人缘，这都看他平常是否与人结缘。

在佛经里，记载着这么一个故事：阿难与目犍连同时出外托钵，结果目犍连空手而返，阿难却受到丰厚的供养。佛陀因此道出了以下的因缘：有一群蚂蚁被洪水所困，当时阿难以树枝搭救它们，这么一个方便结缘，普利了无数众生。因此，结缘使我们人缘更广，结缘让我们获得更多方便。

3. 禅净戒行平等忍：现代人的修行，不是参禅就是念佛，当然也有不少是禅净双修；因为禅有生活禅，行住坐卧中也可以念佛。但无论是参禅或是念佛，我们都要以戒律来作为参禅念佛的准则。

今天的社会，我们常常会发现男女不平等、贫富不平等、智愚不平等、老少不平等、种族不平等、权势不平等……佛陀曾经说："大地众生皆有佛性。"所以，世界人类要能获得真正的福祉，唯有平等才能达到目标。忍，不单是指忍耐，忍也是一种智慧。例如生忍是对生存条件的认识，法忍是对宇宙间诸法的了解，无生法忍是要我们对世间能有不生不灭、不增不减、永恒圆满的世间观。

4. 惭愧感恩大愿心：人间最好的美德就是惭愧、感恩、愿力。说到惭愧，惭者惭己，愧者愧他。惭者常觉学问不够、发心不够、慈悲不够；愧者，常怀对不起人之心，对不起父母、对不起朋友、对不起社会、对不起国家。所以，愧就是修行。儒家的四维八德也就是要大家不忘羞耻之心，人有惭愧，才懂得奋发图强；人有惭愧，才肯力争上游，因此，惭愧羞耻是我们的美德。

感恩，才能拥有富有的人生观，因为一个人没有感恩之心，只懂得贪图别人利益，是贫穷的弱者。菩萨发心时时度化众生，一念发心度生就是感谢国家恩、感谢父母恩、感谢朋友恩。哪一个众生对我没有恩惠？没有农夫，我哪有饭吃？没有工人，我哪有衣穿？没有新闻记者，哪有报纸可看？士农工商、男男女女，哪一个人不在助长我们的生存？如此大恩大德，我们应该如何图报？滴水之恩，当涌泉相报，乌鸦尚知反哺，羔羊也懂跪乳，如我佛子，焉能不知感恩？

以上说人天道总共有五个，第一个是发心，要常常问自己是否已经发心了？第二个是要有信仰，我真的信仰了吗？我是否已有了正信？我是否有持戒及守法？我是否有喜舍而布施呢？我是否有禅定的功夫呢？假若，这五个你都具备了，那表示你已经有了人天的福报，人道也就俱全了。接下来，就是要从人道至佛道。

有人会说:"成佛,不敢想。"因为佛对他而言是太高、太远了,其实,那是失去了自我的尊严,因为人人皆有佛性,人人皆可成佛。你何不当下承担呢?只要具足发心、信心、守戒、喜舍、禅定等人天道的条件,就能进入佛道。什么是佛道?

无你无我无对待生死的超越观是佛道,

看一切众生如亲人般的慈悲观是佛道,

世界与我都息息相关的缘起观是佛道,

无私无欲无求无彼此的平等观是佛道,

自觉觉人是佛道,

自利利人是佛道,

奉献他人是佛道,

尊重别人是佛道,

融合大众是佛道,

慈悲喜舍是佛道……

在佛道里没有你、我的差别对待,所以是无我相、无人相、无众生相、无寿者相;假若你能建立起平等观,那你就有佛道了。

没有生死,就是佛道;没有欲染,就是佛道;没有对待,就是佛道。我们安住于佛道的身心中,不是要离开人间,佛是在人间当中,不是在人间之外的。假如你将一切众生都看成是我的亲人,把一切毫无相关的,都将他看成与我息息相关的。甚至于你将它当成是你身上的一个烂疮,虽然它是不好的,但是,如果你好好地照顾它、爱护它,那它就不会再长出来了。假若你将所有人都看成是我的兄弟姊妹、我的家人、我的邻居、我的同事、我的同胞、我的同乡,同是众生,只要你跟他一同,那你就会发慈悲心来包容他。你有了慈悲观,每个人都会变得很可爱的。

假如您觉悟到有缘起的观念,所有一切众生皆与我们有关系,大家都能和平相处。假如我无私、无欲、无求,我非常地安心自在,能安住于身心中,而有了无住观,也就天下太平了,人人趣向佛道了。

1991年3月讲于冈山中山堂